Marquard | Zeitalter der Weltfremdheit?

[Was bedeutet das alles?]

Odo Marquard

Zeitalter der Weltfremdheit?

Drei Essays

Mit einem Nachwort von Franz Josef Wetz

Reclam

2. Auflage

RECLAMS UNIVERSAL-BIBLIOTHEK Nr. 14277
2023 Philipp Reclam jun. Verlag GmbH,
Siemensstraße 32, 71254 Ditzingen
info@reclam.de
Gestaltung: Cornelia Feyll, Friedrich Forssman
Druck und Bindung: Esser printSolutions GmbH,
Untere Sonnenstraße 5, 84030 Ergolding
Printed in Germany 2025
RECLAM, UNIVERSAL-BIBLIOTHEK und
RECLAMS UNIVERSAL-BIBLIOTHEK sind eingetragene Marken
der Philipp Reclam jun. GmbH & Co. KG, Stuttgart
ISBN 978-3-15-014277-6
reclam.de

Inhalt

Zeitalter der Weltfremdheit?

Beitrag zur Analyse der Gegenwart

Unsere Zeit hat viele Namen. Sie gilt als »Industriezeitalter« oder »Spätkapitalismus« oder »Zeitalter der wissenschaftlich-technischen Zivilisation« oder »Atomzeitalter«; sie gilt als Zeitalter der »Arbeitsgesellschaft« oder »Freizeitgesellschaft« oder »Informationsgesellschaft«; sie gilt als Zeitalter der »funktionalen Differenzierung« oder »Epoche der Epochisierungen« oder »postkonventionelles Zeitalter« oder bereits als »nacheuropäisches Zeitalter« oder einfach als »Moderne« oder auch schon als »Postmoderne« und so fort. Diese Vielnamigkeit ist indirekte Anonymität: unsere Zeit und Welt befindet sich – scheint es – auch deswegen in einer Orientierungskrise, weil sie zunehmend nicht mehr weiß, mit welcher dieser Kennzeichnungen sie sich identifizieren muss. Es kann hier nicht meine Aufgabe sein, diese Orientierungskrise zu beheben; ich werde sie eher – heilsam: und erst zum Schluss werde ich sagen, warum das heilsam ist –, ich werde sie eher steigern, indem ich hier jetzt eine weitere Kennzeichnung ins Spiel bringe, nämlich diese: unsere Zeit ist – vielleicht auch – das Zeitalter der Weltfremdheit. Ich möchte diesen Kennzeichnungsvorschlag in den folgenden gut 50 Minuten ein wenig erläutern und konturieren, und ich tue das in folgenden fünf Abschnitten: 1. Utopien und Apokalypsen; 2. Man wird nicht mehr erwachsen; 3. Tachogene Weltfremdheit; 4. Erhaltung des Negativitätsbedarfs; 5. Plädoyer für den Kontinuitätensinn. Damit – wenn es denn eine ist – zur Sache und also zum Abschnitt:

1. Utopien und Apokalypsen

Was immer unsere Zeit sein mag: sie ist jedenfalls auch das Zeitalter der Wechselwirtschaft zwischen Utopien und Apokalypsen, zwischen Diesseitserlösungs-Enthusiasmus und Katastrophengewissheit, zwischen den Naherwartungen einerseits des Himmels auf Erden, andererseits der Hölle auf Erden, und jedenfalls zwischen – überemphatischen – Fortschrittsphilosophien und Verfallsphilosophien. Warum gehören zu unserer Welt beide?

Da sind einerseits die Fortschrittsphilosophien und Utopien. Zu unserer, der modernen Welt, die schließlich zur Industrie- und Arbeitsgesellschaft geworden ist, gehört zentral der Fortschrittsgedanke, der Gedanke der Selbststeigerung oder gar Selbstvollendung der Menschheit: alles wird immer schneller immer besser und womöglich gar alsbald am Ende wirklich gut. Dieser Gedanke setzt sich im 18. Jahrhundert durch. Zuerst wird er – sattelzeitbrav[1] ab 1750 – durch die moderne Geschichtsphilosophie formuliert, für die die Namen Turgot, Voltaire, Condorcet, Kant, Fichte, Hegel und Marx stehen mögen und die als Säkularisierung (Löwith) oder Umbesetzung (Blumenberg) des Heilschemas der christlichen Geschichtstheologie verstanden werden kann: durch die Geschichte betreibt die Mensch-

1 Der Begriff »Sattelzeit« – geprägt durch Reinhart Koselleck, »Richtlinien für das Lexikon politisch-sozialer Begriffe in der Neuzeit«, in: *Archiv für Begriffsgeschichte* 9 (1967) S. 82, 91, 95; vgl. R. K., Einl. zu: Otto Brunner / Werner Conze / R. K. (Hrsg.), *Geschichtliche Grundbegriffe. Historisches Lexikon zur politisch-sozialen Sprache in Deutschland*, Bd. 1, Stuttgart 1972, bes. S. XV – meint die Zeit der europäischen Geschichte um und kurz nach 1750.

heit ihre Erlösung, die Herbeiführung ihres guten Lebens. Dann – nach der Enttäuschung der emanzipatorischen Naherwartung zuerst durch die Französische Revolution – kommt der Fortschrittsgedanke in die Obhut positivistischer Stadienlehren und biologischer, psychoanalytischer und soziologischer Evolutionstheorien, für die die Namen Schelling, Comte, Darwin, Spencer, Freud, Gehlen, Habermas und Luhmann stehen mögen: der schnelle Marsch ins Heil wird ersetzt durch den langen Marsch durch die Arten und Institutionen; durch die Geschichte betreibt die Menschheit die Perfektion der Technik, der Sicherung ihres Überlebens. Das Grundschema bleibt das gleiche: das Frühere wird überboten durch das Spätere, das Primitive durch das Entwickelte, und also *in concreto*: das Rohe durch das Gekochte, die Natur durch die Kultur, das Wilde durch das Gezähmte, das Lustprinzip durch das Realitätsprinzip, die Gewalt durch das Recht, der Stamm durch den Staat, der Mythos durch den Logos, der Zufall durch die Wissenschaft, das Schicksal durch die Technik, die Not durch den Überfluss, die Phantasie durch die Beobachtung, die Fiktion durch die Realität, die Illusion durch die Kritik, die Ungleichheit durch die Gleichheit, die Repression durch die Freiheit, der Urmensch durch die Spätkultur, kurzum: das Frühere, das das Unmündige und Unreife ist, wird überboten durch das Spätere, das das Mündigere und Reifere, und durch das Späteste, das das Mündigste und Reifste ist. Das – meine ich: und man kann es durch die Lebensaltermetaphorik aller Fortschrittstheorien belegen – schließt ein: die Menschheit ist emsig dabei, ihre Kindheit hinter sich zu lassen, und ist also strebsam bemüht, dauernd immer erwachsener zu werden. Die spätesten Menschen sind die reifsten – die erwachsensten Menschen der Weltgeschichte; unsere Zeit – als Produkt der Abstreifung ihrer früheren Unmündigkeiten und Weltfremdheiten – ist das Zeitalter der vollendeten Erwachsenheit: die Weltgeschichte ist – im Blick auf das Diesseitsheil – die Fortschrittsgeschichte des Gewinns der Erwachsenheit.

Da sind andererseits die Verfallsphilosophien und Apokalypsen. Zu unserer, der modernen Welt, die schließlich zur Arbeits- und Industriegesellschaft geworden ist, gehört ebenso zentral der Verfallsgedanke, der Gedanke der Selbstzerstörung oder gar Selbstvernichtung der Menschheit: alles wird immer schneller immer schlimmer und womöglich gar alsbald am Ende wirklich tödlich. Durch diesen Gedanken wird das skizzierte Reifungsschema nicht angefochten, es bleibt vielmehr aufrechterhalten, gerade auch dort, wo die Fortschrittsgeschichte der Menschheit nicht als Gewinngeschichte, sondern als Verlustgeschichte erfahren wird: als Geschichte des Verfalls durch Fortschritt. Das geschieht bemerkenswert gleichzeitig mit der geschichts- und evolutionsphilosophischen Positivkarriere des Fortschrittsgedankens und der Utopie. Denn die These, dass das Wachstum an Technik und Zivilisation Verlust und Verfall sei, kommt ebenfalls – sattelzeitbrav – Mitte des 18. Jahrhunderts ins Spiel: seit 1750 Rousseau in seinem *Discours des sciences et des arts* die Frage, ob der Wissenschafts- und Technikfortschritt gut für den Menschen sei, frühgrün mit »nein« beantwortete und im Namen der Natur gegen die Fortschrittsgeschichte plädierte. Seither wird dieses Nein ständig wiederholt: romantisch – etwa bei Novalis – zu Anfang und lebensphilosophisch – etwa bei Nietzsche – zu Ende des 19. Jahrhunderts; und – nach Spengler und Klages und Heidegger – im Augenblick ist die grüne Welle die aktuelle Reprise der Interpretation des Fortschritts als Verfall und des vermeintlichen Wegs zum Heil als Weg in die Katastrophe: nichts Neues unter der Sonne, die freilich zuweilen durch Smog verdunkelt wird. Wie gesagt: das Grundschema – das Reifungsschema – bleibt dabei das gleiche; nur wird jetzt umgewertet, und wo sonst gejauchzt wird, wird jetzt gezittert und geklagt; und wo das Prinzip Hoffnung regierte, regiert nun das Prinzip Angst. Denn: jawohl, die Menschheit ist emsig dabei, ihre Kindheit hinter sich zu lassen, und ist also strebsam bemüht, dauernd immer erwachsener zu werden: das – fürwahr! – ist so. Nur: es ist schlimm. Unsere Zeit – die einer fortgeschrittenen Verfallsgeschichte – ist die Schreckensära der Hypertrophie des Erwachsenseins: sie ist die Unheilszeit eines großen Verlustes, nämlich des Verlustes der Kindlichkeit der Menschen. Denn auch hier gilt: die spätesten Menschen sind die reifsten – die erwachsensten – Menschen der Weltgeschichte; unsere Zeit – als Produkt der Abstreifung ihrer früheren Unmittelbarkeiten und kreativen Phantasien – ist das Zeitalter der vollendeten oder fast vollendeten Erwachsenheit: die Weltgeschichte ist – im Blick auf die Katastrophe – die Verfallsgeschichte des Verlustes der Kindlichkeit.

Befreiungserwartung und Katastrophenangst, utopische Fortschrittsphilosophie und apokalyptische Verfallsphilosophie: beide gehören zu unserer – der modernen – Welt. Warum beide? Ich sprach von ihrer Wechselwirtschaft: sie sind »feindliche Brüder«. Nicht eine von beiden, sondern im Pendelverfahren grundsätzlich gleichzeitig – beide gehören zur modernen Welt. Warum beide?

2. Man wird nicht mehr erwachsen

Auf diese Frage versuche ich zu antworten, indem ich zunächst auf folgenden Tatbestand hinweise: Etwa gleichzeitig mit dem gleichzeitigen Triumph von Fortschrittsphilosophien und Verfallsphilosophien kommt es – wiederum sattelzeitbrav seit dem 18. Jahrhundert – zu dem, was man die »Entdeckung des Kindes« genannt hat.[2] Ein Kind ist kein kleiner Erwachsener, sondern etwas anderes als ein Erwachsener, nämlich ein Kind: das ist – Philippe Ariès hat es gezeigt – eine moderne Entdeckung, etwa 300 Jahre alt. Vor kaum 200 Jahren hat die Romantik – beeindruckt durch Rousseaus Lehre vom guten Wilden – diese Entdeckung des Kindes zugespitzt zur Überzeugung: das Kind ist der eigentliche Mensch, und Erwachsenwerden – als Verlust der Kindlichkeit – ist Abfall vom Menschsein, nämlich einzellebensgeschichtlich das, was menschheitsgeschichtlich die moderne Fortschrittskultur selber ist: die Zerstörungsgeschichte des eigentlichen, »authentischen«, natürlichen Menschen, jenes guten Wilden, der in unserer entfremdeten Welt allein noch das Kind ist. Seither gelten die Kinder, die Jugendlichen als die maßgeblichen Menschen: diese Meinung hat so sehr Schule gemacht, dass selbst die Schule ihre Lehrer zuweilen anhielt, nur noch Lehrlinge ihrer Schüler zu sein. Erwachsenwerden ist Sündenfall. Ihm entgehen – scheint es – nur die, die das Erwachsenwerden verweigern. Das sind – meinen einige – die Künstler; es sind – meinen andere – die Randgruppen und Aussteiger (von der

2 Philippe Ariès, *L'enfant et la vie familiale sous l'Ancien Régime*, Paris 1960.

Boheme bis zur alternativen Selbsterfahrungsgruppe); es sind – so wollen es die modernen Jugendbewegungen – vor allem die Kinder, die Jugendlichen selbst. Nicht zufällig tragen sie heute Savage-Look, die Uniform des guten Wilden; was da bärtig und zottig einhertrottet, sind keine ungepflegten Menschen, sondern gepflegte Zitate: Rousseau-Zitate. Dazu gehört allenthalben der Bedeutungsaufschwung der Frage »wie bleibe ich jung?« und die Flut der Versuche, sie befriedigend zu beantworten: vom Sport über die Kosmetik bis zur Entwicklung von Möglichkeiten, lebenslang die Schulbank zu drücken. Weil man dennoch – schon aus biologischen Gründen – weiterhin älter wird, entsteht das Gefühl, dass die moderne Erwachsenenwelt – als Welt der erwachsensten Erwachsenen der bisherigen Menschheitsgeschichte – die Kinder- und Jugendwelt einschränkt und erdrückt. Dagegen rennt die heutige Jugend an, zuweilen wild: denn beim guten Wilden beweist ja Wildheit Güte. Aus der modernen Überaufwertung des Kindseins und Jungseins – ermuntert durch die Deutung des Fortschritts als Verfall – folgt schließlich, dass – unter Beifall der Erwachsenen – die Jugend den Aufstand probt: als Widerstandsbewegung gegen das Erwachsenwerden. All das kennzeichnet heute weithin unsere Lage.

Das – diese Lage der scheinbar expandierenden Erwachsenheit und ihrer Negativbewertung durchs Lob des Kindes und durch Jugendprotest – muss man (meine ich) neu durchdenken. Dabei sollte man – abweichend von bisherigen Analysen – folgende Möglichkeit in Betracht ziehen: Vielleicht stimmt es gar nicht, dass die modernen Erwachsenen *zu viel erwachsen und zu wenig Kind* sind, vielleicht stimmt eher das Gegenteil, dass sie *zu wenig erwachsen* und *zu viel Kind* sind und – im Sinne eines Ressentiments – durch das Lob des Kindes nur die eigene Schwäche loben: die Neigung der modernen Erwachsenen zu Infantilismen, zu Verkindlichungen und Kindlichkeiten, ihre Unfähigkeit zum Erwachsensein, ihren Hang zur Weltfremdheit. Das ist denn auch hier im Folgenden meine These: Uns fehlt nicht die Kindlichkeit, wir haben sie eher zu viel; für die Menschen der modernen Welt nämlich gilt: man wird nicht mehr erwachsen, denn wir leben im Zeitalter der Weltfremdheit. Man wird nicht mehr erwachsen: damit meine ich hier nicht das, was wohl immer zutraf und was uns die Psychoanalyse nur noch einmal eindrucksvoll in Erinnerung rief: wie sehr wir bei allem, was wir tun und denken, jenes Kind zitieren und bleiben, das wir einmal waren: sein Verhältnis zu den Eltern, den Geschwistern, und zwar auch und gerade in jenen häufigen und häufig harmlosen Fällen, wo es nicht zur Neurose führt. »Und dann, die Quintessenz von allem ist, dass es keinen Menschen gibt, der erwachsen wäre«: so ein französischer Résistance-Priester über seine Beichterfahrung, zitiert zu Anfang der *Anti-Memoiren* von Malraux.[3] Das, denke ich, hätte ein Beichtiger auch 1000 Jahre früher sagen können: es ist also etwas Altes und somit nichts Neues. Neu – spezifisch modern – ist vielmehr etwas anderes. Darüber im Abschnitt:

3 André Malraux, *Antimémoires*, Paris 1967, dt.: *Anti-Memoiren*, übers. von Carlo Schmid, Frankfurt a. M. 1968, S. 7.

3. Tachogene Weltfremdheit

Neu ist nämlich eine zeitalterspezifisch moderne Beeinträchtigung des Erwachsenwerdens. Ich nenne sie tachogene Weltfremdheit; denn sie resultiert aus der beschleunigten Schnelligkeit (auf Griechisch: *to táchos*) des modernen Wirklichkeitswandels. Erlauben Sie mir zu ihrer Charakteristik – die hier keineswegs vollständig sein kann – fünf Hinweise (a–e). Da ist als erstes Charakteristikum der tachogenen Weltfremdheit:

a) die beschleunigte Erfahrungsveraltung[4]. Wir leben seit knapp einem Vierteljahrtausend in einer – der modernen – Welt, in der sich immer schneller immer mehr ändert. Zu ihren besonderen Kennzeichen – darauf haben im Anschluss an Jacob Burckhardts Interpretation der geschichtlichen Krisen als »beschleunigte Prozesse« vor allem Reinhart Koselleck und Hermann Lübbe hingewiesen[5] – gehört die Veränderungsbeschleunigung. Wo beispielsweise vor 2000 Jahren ein Wald war und vor 1000 Jahren ein Feld und vor 500 Jahren ein Haus, stand vor 150 Jahren eine Weberei, vor 75 Jahren ein Bahnhof, vor 25 Jahren ein Flugplatz und steht heute ein Weltraumsatellitenterminal, und was dort in 10 Jahren stehen wird: das wissen wir noch

4 Vgl. Hermann Lübbe, »Erfahrungsverluste und Kompensationen. Zum philosophischen Problem der Erfahrung in der gegenwärtigen Welt«, in: *Gießener Universitätsblätter* 12 (1979) Nr. 2, S. 42–53.

5 Vgl. Jacob Burckhardt, *Weltgeschichtliche Betrachtungen*, in: *Gesammelte Werke*, Basel/Stuttgart 1955 ff., Bd. 4, 1970, S. 116; Reinhart Koselleck, *Vergangene Zukunft. Zur Semantik geschichtlicher Zeiten*, Frankfurt a. M. 1979; Hermann Lübbe, *Zukunft ohne Verheißung? Sozialer Wandel als Orientierungsproblem*, Zürich 1976.

nicht. Bedingt durch die Fortschritte von Wissenschaft, Technik und Arbeitseffektivität wächst auf fast allen – und immer mehr – Gebieten die Neuerungsgeschwindigkeit: das heißt zugleich, dass immer mehr immer schneller veraltet. Das gilt auch für unsere Erfahrungen. Denn in unserer Lebenswelt kehren jene Situationen immer seltener wieder, in denen und für die wir unsere Erfahrungen erworben haben. Darum rutschen wir – statt durch stetigen Zuwachs an Erfahrung und Weltkenntnis selbständig, d. h. erwachsen zu werden – zunehmend stets aufs Neue in die Lage derer zurück, für die die Welt überwiegend unbekannt, neu, fremd und undurchschaubar ist: das ist die Lage der Kinder. Erfahrung ist das – wohl einzige – Gegenmittel gegen Weltfremdheit: aber jetzt greift sie nicht mehr. Weil heutzutage das Vertraute immer schneller veraltet und die künftige Welt zunehmend anders sein wird als die von uns erfahrene bisherige Welt, wird – für uns, die modernen Menschen – die Welt fremd, und wir werden weltfremd. Die modernen Erwachsenen verkindlichen. Selbst wenn wir grau werden, bleiben wir grün. Man wird nicht mehr erwachsen. – Da ist als zweites Charakteristikum der tachogenen Weltfremdheit:

b) die Karriere des Hörensagens. Niemals zugleich – das liegt am modernen Siegeszug der Erfahrungswissenschaften – gab es so viel neue Erfahrungen wie heute. Aber wir machen sie nicht mehr selbst, sondern andere machen sie für uns. Sogar ein Empirie-Spezialist, wie z. B. ein experimenteller Physiker, macht heute höchstens zwei bis fünf Prozent jener Experimente selber, auf deren Resultate er sich ständig verlassen muss: schon aus Kosten- und Zeitgründen. Um – unter Beschleunigungsbedingungen – innovativ erfahren zu können, wird die Erfahrung superspezialistisch: z. B. fachjargonabhängig und apparateintensiv. So müssen wir immer mehr Erfahrungen hinnehmen, die wir nicht selbst machen, sondern nur durch Hörensagen kennen, das zum großen Teil die Fach-, die Konversations- und die Sensationsmedien verwalten: bis hin zu den Bildzeitungen, etwa dem *Spiegel*. Das bedeutet: je wissenschaftlicher – in unserer Welt – die Erfahrungen gemacht werden, umso mehr müssen wir glauben, und ich betone es, weil es paradox klingt: wir müssen – gerade weil Erfahrungen modern immer wissenschaftlicher gemacht werden – zunehmend mehr nur noch auf Hörensagen hin glauben. Dieses Glaubenmüssen – also die Abhängigkeit von Erfahrungen, die man nicht bzw. noch nicht selber gemacht hat – war stets die Lage des Kindes: heute – in der modernen Welt – ist gerade sie zur Normallage des Erwachsenen geworden, der so – tachogen weltfremd – in einer neuen Weise zum Kind wird. Man wird nicht mehr erwachsen. – Da ist als drittes Charakteristikum der tachogenen Weltfremdheit:

c) die Expansion der Schule. Wer – wie der moderne Mensch, dessen eigene Erfahrungen immer schneller veralten, dessen neue Erfahrungen aber (spezialistisch) überwiegend nicht mehr eigene Erfahrungen sind – seine Erfahrungen nicht mehr selber macht, muss den Erfahrungsersatz kultivieren. Eine solche Kultur des Erfahrungsersatzes (des erfahrungsentlasteten – erfahrungsentfernten – Erfahrungserwerbs, den man heute meint, wenn man »Lernen« sagt) ist – im weitesten Sinn verstanden: einschließlich des Kindergartens, der Hochschule, der Fortbildung und der Seniorenakademie – die Schule, die ebendarum erst modern eigentlich entsteht und jedenfalls expandiert;

denn immer mehr – zum Erfahrungsersatz – muss gelernt werden. So ergreift die Schule immer weitere Teile der Wirklichkeit unseres Lebens; und die für die Schule nötige Weltfremdheit – denn sie trainiert das Erwachsensein unter Kindseinsbedingungen, d. h. durch das Moratorium des Erwachsenseins – geht *peu à peu* über auf die Wirklichkeit. Nur zunächst ist es eine Übertreibung, zu der jene Lehrer und Lehrerpolitiker neigen, die selber die Schule niemals verlassen haben, wenn sie die Schule selber zum Leben ernennen: wie einst – von Schelling über Wagner bis zum Surrealismus – die Wirklichkeit mit der Kunst identifiziert, d. h. der Ernst nur noch gespielt wurde durch das Gesamtkunstwerk, wird dann die Wirklichkeit mit der Schule identifiziert durch die Gesamtschule. Aber die Wirklichkeit ist – je mehr (durch den tachogenen Ausfall direkter Erfahrung) lebenslang indirekt erfahren, d. h. gelernt werden muss – buchstäblich dabei, wirklich zur Schule zu werden: der Mensch wird – der Tendenz nach – ganz und gar zum Schüler, und – der Tendenz nach – jeder Erwachsene wird dadurch jenes Kind, das – wie alt er auch sein mag – in jedem Schüler steckt. Man wird nicht mehr erwachsen. – Da ist als viertes Charakteristikum der tachogenen Weltfremdheit:

d) die Konjunktur des Fiktiven[6]. Wo die Welt – wandlungsbeschleunigungsbedingt – ständig komplexer wird, bedarf es zunehmend der (wie Luhmann sie nennt) Kom-

6 Vgl. Odo Marquard, »Kunst als Antifiktion. Über den Weg der Wirklichkeit ins Fiktive«, in: Dieter Henrich / Wolfgang Iser (Hrsg.), *Funktionen des Fiktiven*, München 2007 (Poetik und Hermeneutik. 10); O. M., *Krise der Erwartung – Stunde der Erfahrung. Zur ästhetischen Kompensation des modernen Erfahrungsverlustes*, Konstanz 1982.

plexitätsreduktionen, deren jede Quasifiktionen enthält: jede Weltvereinfachung hat ihre Lebenslüge. Ein exemplarischer Befund ist dieser: Handlungen – insbesondere Interaktionen von erheblicher Größenordnung – brauchen stets Zeit; während diese Zeit vergeht, ändern sich – unter Beschleunigungsbedingungen – jene Orientierungsdaten, aufgrund derer man die Handlungen unternahm. Von einem bestimmten *temporal point of no return* ab verlangt es die Sichträson der Handlung, die Änderung dieser Daten zu ignorieren: ohne diese Konstanzfiktion brächte man keine Handlung mehr zu Ende. Wo alles fließt, zwingt jedes Durchhalten von Handlungen zu Fiktionen: und gegen Comte muss gesagt werden: nicht das religiöse, sondern das positive Stadium ist das fiktive. Freilich wächst gerade dadurch das Risiko ungewollter Nebenfolgen; insbesondere Großplanungen werden so leicht zur *self-destroying prophecy*. Darum bedarf es einer Dennoch-Zuversicht. Die einschlägigen Zuversichtsgaranten werden notfalls erfunden: etwa – wie seit Kant – durch Postulate der praktischen Vernunft. Heute sind diese Fiktionen in der Regel keine absoluten Postulate mehr: nicht mehr das Postulat einer übermenschlich wiedereinrenkenden Allmacht (Gott) und nicht mehr das einer trans-endlichen Geduld, ihre Erfolge abzuwarten (Unsterblichkeit); sondern: zuversichtsgarantierende Postulate werden alle Konstanzfiktionen (wie sie sich exemplarisch melden durch die gegenwärtige Inflation der Formel »ich gehe davon aus, dass ...«, einer Konstanzfiktionsformel), etwa als *Ceteris-paribus*-Klauseln. Diese bilden ihrerseits ein wachsend kompliziertes Ensemble, das zu seiner Betreuung Experten braucht. Darum postuliert man heute nicht mehr Postulate, sondern man postuliert – und bezahlt – Postulierer: das Orientierungsdatenproduktionsgewerbe mit seiner Superabteilung für die Fiktionskonfektion, zu der nicht nur die hochrechnenden Statistiker – darunter die mit den Weltmodellen – gehören, sondern auch die Träumprofis. Die jeweils überwältigende Mehrheit der Handlungsteilnehmer – zu der wir alle gehören – ist dabei nicht mehr in der Lage, den Realitätsgehalt der Daten wirklich zu beurteilen: es verwischt sich der Unterschied von Realitätswahrnehmung und Fiktion. Mir scheint gegenwartszentral, dass beide zunehmend den Charakter des Halbfiktiven annehmen und dadurch tendenziell konvergieren. Darum ist es gegenwärtig so leicht, wirkliche Schrecklichkeiten zu ignorieren und von fiktiven Positivitäten überzeugt zu sein, und fast noch leichter, fiktive Schrecklichkeiten zu glauben und für wirklich Positives blind zu werden, also: was in den Kram passt, zu akzeptieren, und was nicht in den Kram passt, zu verdrängen. So disponiert die tachogene Weltfremdheit zu Illusionen, durch die die Menschen – träumend – verkindlichen. Man wird nicht mehr erwachsen. Darum ist denn auch das fünfte Charakteristikum der tachogenen Weltfremdheit:

e) die zunehmende Illusionsbereitschaft. Sie entsteht durch das, was Joachim Ritter die »Entzweiung von Herkunft und Zukunft« nannte und Reinhart Koselleck die – durch zunehmende Wandlungsbeschleunigung – wachsende »Kluft« zwischen »Erfahrung und Erwartung« nennt:[7] immer weniger vergangene Erfahrung wird auch zukünfti-

7 Vgl. Joachim Ritter, *Subjektivität. Sechs Aufsätze*, Frankfurt a. M. 1974, S. 27 [u. ö.]; Reinhart Koselleck, »Geschichte/Historie«, in: *Geschichtliche Grundbegriffe* (s. Anm. 1), Bd. 2, Stuttgart 1975, bes. S. 658 ff.

ge Erfahrung sein; darum hat die Erwartung des Künftigen immer weniger ihr Maß an der bisher vorhandenen Erfahrung: so wird die Erwartung – nicht mehr gedeckt und nicht mehr kontrolliert durch Erfahrung – maßlos und also der Tendenz nach illusionär, wobei – da die Geschichtsphilosophie (durch Verabschiedung des Topos »historia magistra vitae«) das Alte und die Anspruchsgesellschaft das erfahrungsgemäß Mögliche als Instanz verwirft – diese Not leicht zur Tugend erklärt wird. Dann kommt es zur Flucht aus dem Erfahrungsverlust in den Erfahrungsverzicht, etwa zur großen Konjunktur der Apriorismen und der Heilspläne; vor allem aber: die Menschen werden zu erfahrungslosen Erwartern, zu Träumern. Erwartet wird dann justament das, was man nicht mehr erfahren kann, und das ist Vertrautheit. Je mehr Vertrautheit nicht mehr erfahren wird, umso mehr wird sie – ungeduldig – erwartet: durch die Illusion einer endgültig nicht mehr fremden, einer endgültig heilen Diesseitswelt. Gerade sie wird dann zur direkten Hoffnung, zum direkten Anspruch. Kinder, für die die Wirklichkeit überwältigend fremd ist, brauchen zum Ausgleich eine eiserne Ration an Vertrautem: ihren Teddybär, den sie ebendarum überallhin mitschleppen. Just so brauchen die modernen Erwachsenen – für die die Welt tachogen dauernd wieder fremd wird – die ideologische Naherwartung der heilen Diesseitswelt: sie ist der mentale Teddybär des modern verkindlichten Erwachsenen. Denn eine Welt, in der immer weniger von dem, was war, künftig noch sein wird, in der also – tachogen – immer weniger Herkunft Zukunft sein wird, ist geprägt durch Kontinuitätsverlust: gerade er inthronisiert die Illusion, durch die die Menschen verkindlichen. Man wird nicht mehr erwachsen.

Durch all dieses wird die moderne Welt zu dem, was ich nannte: das Zeitalter der Weltfremdheit.

4. Erhaltung des Negativitätsbedarfs

Ich meine nun: diese – tachogene – Weltfremdheit ist es, die in der modernen Welt zur eingangs geschilderten Wechselwirtschaft zwischen Utopien und Apokalypsen, zwischen Positiv- und Negativillusionen führt: zwischen Wunschtraum und Alptraum. Sie begünstigt das, was heute unter dem Stichwort »Wertewandel« diskutiert wird und was keiner ist, denn es handelt sich von Anfang an nur um ein Scheinwertependeln, eben um die moderne Wechselwirtschaft zwischen Utopien und Apokalypsen. Im Augenblick ist wieder einmal die Apokalypse dran: der Alptraum. Denn zu den Eigenheiten des Zeitalters der tachogenen Weltfremdheit gehört offenbar auch diese: nicht nur die positiven Erwartungen – die Ansprüche und Hoffnungen – werden illusionär, sondern auch die negativen Erwartungen: die Ängste. Eben weil die Erwartungen insgesamt weltfremd werden, kommt es bei Enttäuschungen von Positivillusionen nicht mehr zur Ernüchterung, sondern zu einer Art negativer Trunkenheit: Die Überhoffnungen kippen nicht mehr um in Realitätssinn, sondern in Panik. Davon – meine ich – zeugt die heutige Neigung zur Negativierung der Fortschrittskultur.

Denn eigentlich müssten wir im Zeitalter der Ernüchterungen leben. Der Kulturfortschritt – vor allem der technische – hat einst mit kleinerem Aufwand große Vorteile bewirkt und bewirkt jetzt – wo vieles Lebenserleichternde erreicht ist – mit größerem Aufwand und größeren Umweltbelastungen zusätzlich nur noch relativ kleinere Vorteile. Wenn aber immer kleinere Vorteile immer größere Anstrengungen fordern und mit immer größeren Nachteilen bezahlt werden, kommt es schließlich zu einer Nullbilanz zwischen Aufwand und Effekt: jenseits dieser Nutzengrenze wird der Grenznutzen des Fortschritts negativ. Das mag heute in manchen – beileibe nicht in allen – Bereichen tatsächlich so sein: ich – vielleicht neutral, weil ich selber nicht Auto fahren kann, sondern es nur als Beifahrer kommentiere – könnte mir z. B. vorstellen, dass die Ausweitung des Autoverkehrs hierzulande auf die Dauer mehr Plagen als Freuden bringt; aber erstens müsste das – die Beweislast hat der Veränderer – plausibel gemacht werden, und zwar unter Berücksichtigung nicht nur der manifesten, sondern auch der latenten Funktionen des Autowesens (z. B. auch, dass Autos durch ihren Kapseleffekt Einsamkeitsbedarf unter Vermassungsbedingungen zu decken scheinen); und zweitens läge Abhilfe dann nicht in der Steigerung der Jammerrate und der inflationären Einberufung von Neuethikertribunalen, sondern in der pragmatischen Suche nach einer Optimierung der Plagen-Freuden-Relation, erst letztlich notfalls durch Geburtenkontrolle für Autos. Das vernünftige Verhalten ist hier dieses: die erreichten Vorteile dankbar zu genießen und – wo dies als nötig sich erweist – auf ungehemmt weiteren Ausbau bei bestimmten Dingen einsichtsvoll-klaglos zu verzichten, in einem Klima nüchterner Abwägung. Indes: wir leben nicht im Klima nüchterner Abwägung, sondern im Klima hysterischer Angst; denn wohin man schaut: es herrscht gepflegte Panik. Warum – in aller Welt – ist das so?

Die kulturellen Entlastungen des Menschen durchlaufen – scheint es – drei Stadien: erst werden sie begrüßt; dann werden sie selbstverständlich; schließlich ernennt man sie zum Feind. Entsprechend verhalten sich die Menschen: erst arbeiten sie emsig am Aufbau dieser Entlastungen; dann konsumieren sie gleichgültig ihre Errungenschaften; schließlich bekommen sie Angst vor ihnen und greifen sie an. Das letzte Stadium setzt das zweite voraus, dieses wiederum das erste; und das – wenn ich es richtig sehe – bedeutet: der spätere Angriff auf die kulturellen Entlastungen erfolgt nicht trotz, sondern gerade wegen ihres Erfolges; oder anders gesagt: die Entlastung vom Negativen[8] – gerade sie – disponiert zur Negativierung des Entlastenden. Was ich mit dieser abstrakten Formel meine, erläutere ich zunächst durch drei Beispiele: Je mehr Krankheiten die Medizin besiegt, desto größer wird die Neigung, die Medizin selber zur Krankheit zu erklären; je mehr Lebensvorteile die Chemie der Menschheit bringt, umso mehr gerät sie in den Verdacht, ausschließlich zur Vergiftung der Menschheit erfunden zu sein; und: je länger Kriege vermieden werden, desto gedankenloser gilt die vorhandene Friedensvorsorge als pure Kriegstreiberei. Kurzum: die Entlastung vom Negativen – gerade sie – disponiert zur Negativierung des Entlastenden; die Befreiung von Bedrohlichem – gerade sie – lässt das Befreiende bedrohlich erscheinen.

Plausibel wird dieser – ja ganz und gar paradox anmutende – Nexus genau dann, wenn man eine gewisse Konstanz oder (richtiger) Änderungsträgheit des menschlichen Ne-

8 »Entlastung vom Negativen«: vgl. Arnold Gehlen, *Anthropologische Forschung*, Reinbek b. Hamburg 1961, S. 64 ff.

gativitätsbedarfs annimmt. Die Menschen sind durch Angstbereitschaft halbwegs dauerhaft eingestellt auf ein gewisses Quantum an Widrigkeiten. Diese Widrigkeiten gibt es für den Menschen – naturhaft ein Mängelwesen, das zwecks Kompensation seiner Naturmängel zum Kulturwesen werden muss – in reicher Menge: durch natürliche Feinde und Wildheiten der Natur, durch Hinfälligkeiten der eigenen Kondition, durch Krankheiten, durch die Mühe und Last physischer Arbeit, durch die Unordnungen menschlichen Zusammenlebens, durch Aggressionsverzichte, die der kulturelle Fortschritt den Menschen auferlegt, und so fort. Um diese Widrigkeiten ins Lebensdienliche umzuarbeiten, muss der Mensch auf Negatives gefasst sein, so dass es sinnvollerweise so eingerichtet ist, wie ich sagte: die Menschen sind – durch Angstbereitschaft – halbwegs dauerhaft eingestellt auf ein gewisses Quantum an Widrigkeiten. Insofern ist das Widrige, d.h. Negative (schon als Gelegenheit, es zu überwinden), eine Art anthropologischer Besitzstand, von dem sich – und nun gar schnell und ersatzlos – zu trennen den Menschen schwerfällt; denn die Menschen sind konservative Wesen, die ungern verzichten, sogar aufs Schlimme. Darum kommt es, wo Widrigkeiten aufgrund entwickelter Kultur dauerhaft abgebaut werden, nicht nur dazu, dass das alsbald nicht mehr als Gewinn honoriert, sondern selbstverständlich wird; vielmehr: es kommt auch und vor allem – meist unbewusst – zur großen Suche nach Ersatz für die verlorengegangenen Widrigkeiten, nach negativitätsausfallkompensierenden Negativitäten, nach Bedrohlichkeiten, die überwundene Bedrohlichkeiten ersetzen; und diese Suche wird dort verstärkt, wo – wie heute hierzulande weithin –

negativitätsträchtige Risiken selbst im Abenteuerurlaub nicht mehr zureichend gefunden werden können. Da werden dann die Widrigkeiten, die die menschliche Kulturarbeit zunehmend aus der Wirklichkeit vertrieben hat und die nun – als suchthaft schwerverzichtbare Gewohnheiten – mit Entzugsnöten vermisst werden, schließlich zunehmend in jener Kulturarbeit selber gesucht und gefunden bzw. erfunden, die uns die Widrigkeiten erspart. Wenn die Kultur immer mehr Bedrohliches besiegt, wird – als Bedrohlichkeitsersatz – die Kultur selber zum Bedrohlichen ernannt, das man – etwa durch alternatives Leben – glaubt besiegen zu müssen; oder eben anders und abstrakt gesagt: die Entlastung vom Negativen – gerade sie – disponiert zur Negativierung des Entlastenden. Dann – und das ist einer der großen Angstgründe unserer Zeit – bekommt man vor allem vor demjenigen Angst, das einem die Ängste erspart, just weil es einem die Ängste erspart: denn gerade die real entpflichtete Angst macht sich auf die Suche nach Gelegenheiten, sie zu haben, und findet sie dann auch fast um jeden Preis: schließlich in der entwickelten Kultur selber. Je mehr die moderne Welt frühere Schrecklichkeiten tilgt, umso mehr werden ihr selber jetzt Schrecklichkeiten angehängt, die notfalls – weil hierzulande nicht hinreichend auffindbar – durch exotischen Schrecklichkeitsbestätigungstourismus eingeworben werden. Je erfolgreicher die Technik als Lebenserleichterung wirkt, desto ungehemmter wird sie zur Lebenserschwerung umerfahren; und je mehr Umweltschonung sie faktisch ermöglicht, desto mehr wird sie zur Umweltbelastung erklärt. Und analog: je effektiver der Kapitalismus Wohlstand produziert, desto energischer wird er zum Übelstand ernannt; je mehr der

Markt Probleme löst, desto mehr erscheint er selber als Problem; und nur, weil planwirtschaftliche Sozialismen diese Probleme weniger gut lösen, ist man milder gegen sie gestimmt. Je sicherer der Staat Bürgerkriege verhindert, desto hemmungsloser gilt er selber als Bürgerkriegsgrund; je mehr die parlamentarische Demokratie den Menschen Repressionen erspart, umso leichter proklamiert man sie selber zur Repression; und: je mehr das Recht die Gewalt ablöst, umso mehr gilt schließlich das Recht selber als – gegebenenfalls »strukturelle« – Gewalt. Kurzum: je mehr die Kultur die Wirklichkeit entfeindlicht, desto mehr gilt die Kultur dann selber als Feind. Hier – bei dieser großen Inversion des Negativen – ist eine Art Übelstandsnostalgie der Wohlstandswelt am Werke, der man Übelstände umso leichter nachsagt, je mehr Übelstände sie tilgt, und vor der man zur Wahrung des Besitzstandes Angst bekommt, umso mehr Angst bekommt, je mehr Gründe zur Angst sie beseitigt, so dass eben gilt: die Befreiung vom Widrigen – gerade sie – macht das Befreiende widrig; oder abstrakt: die Entlastung vom Negativen – gerade sie – disponiert zur Negativierung des Entlastenden.

Man könnte, was diese Formel zum Ausdruck bringt, nennen: das Gesetz der Erhaltung des Negativitätsbedarfs. Doch es ist – hoffe ich – kein Gesetz, und es ist – hoffe ich – nicht einmal eine unbäuerliche Bauernregel. Sondern – das ist hier meine These – der von mir formulierte Nexus – dass man jenes Negative, das einem erspart wird, dann (weil man es nunmehr vermisst) gerade in demjenigen sucht, das einem das Negative erspart –, dieser Nexus greift nur dort, wo Menschen – tachogen – allzu weltfremd werden und wo ihre Hemmung, erwachsen zu sein – also ihre beschleunigungsbedingte Infantilisierungsrate –, ein bestimmtes Maß übersteigt, was freilich heute nicht selten ist: dort – nur dort – greift, meine ich, und wirkt dieser Nexus; dort allerdings unheilvoll. Ich warne vor ihm, darum mache ich auf ihn aufmerksam. Ich warne vor dieser Versuchung zur Inversion des Negativen und davor, sich durch die Entlastung vom Negativen ermuntern zu lassen zur Negativierung des Entlastenden. Aus diesem Grund warne ich vor zu viel tachogener Weltfremdheit, vor zu viel beschleunigungsbedingter Verkindlichung, und ebendarum empfehle ich: mehr Mut zum Erwachsensein.

5. Plädoyer für den Kontinuitätensinn

Diese Warnung und diese Ermutigung hat Erfolgsaussichten einzig dann, wenn die moderne Welt nicht nur das ist, als was ich sie bisher beschrieb: nicht nur das Zeitalter der Weltfremdheit. Meine Meinung – und das signalisierte das Fragezeichen im Titel meines Vortrags – ist diese: die moderne Welt ist zwar auch, aber sie ist nicht nur das Zeitalter der Weltfremdheit. Gewiss, wir sind ihr ausgesetzt: der zunehmenden Änderungs- und Veraltungsgeschwindigkeit des modernen Daseins; gerade sie macht uns tachogen weltfremd: dadurch, dass – wandlungsbeschleunigungsbedingt – immer weniger von dem, was war, künftig noch sein wird, und dass immer weniger Herkunft noch Zukunft sein wird. Diese zunehmende Diskontinuität von Herkunft und Zukunft – gerade sie – entmächtigt ja die Erfahrung und ermächtigt die Illusion, insbesondere auch die negative. Doch zugleich gibt es – kompensatorisch – Entschleunigungen: das Zeitalter der Weltfremdheit ist zugleich das Zeitalter kompensatorischer Kontinuitäten. Es ist lebenswichtig für uns, gerade auf diese kompensatorischen Kontinuitäten zustimmend aufmerksam zu sein, d. h. Kontinuitätensinn zu entwickeln und zu pflegen. Ich weise hier – abschließend, doch ohne Vollständigkeitsprätention – nur auf drei Formen dieses Kontinuitätensinns (a–c) hin. Wir brauchen:

a) den historischen Sinn[9]. Wir müssen ihn nicht erst erfinden, denn es gibt ihn in unserer Welt, und zwar reichlich: dass – modern – immer weniger Herkunft Zukunft sein wird, wird kompensiert durch die Kunst, immer mehr Herkunft in die Zukunft mitzunehmen: durch das Sensorium für die Geschichte, das – als eine Art Ersatzerwachsensein für tachogen Unerwachsene – erst modern – kompensatorisch zur neuzeitlichen Veraltungsbeschleunigung – entstand. Kein Zeitalter hat mehr Vergangenheit vertilgt als unseres, kein Zeitalter hat zugleich mehr Vergangenheit festgehalten: museal aufbewahrt, konservatorisch gepflegt, ökologisch behütet, archivalisch gesammelt, archäologisch rekonstruiert, historisch erinnert. Die – technogene – Dauerzerstörung von Vergangenheit wird modern kompensiert durch die – historische – Dauerbewahrung von Vergangenheit: ohne sie könnten wir – im Zeitalter der Kontinuitätsbrüche – unseren Kontinuitätsbedarf und – im Zeitalter der Weltfremdheit – unseren Vertrautheitsbedarf nicht mehr decken und den Wirklichkeitswandel nicht mehr aushalten; denn: je weniger Kontinuität durch historischen Sinn, desto mehr Flucht in die Illusion. Ihr gegenüber hat der his-

9 Vgl. Ritter, *Subjektivität* (s. Anm. 7), bes. S. 105 ff.

torische Sinn Desillusionierungswert: er ist eine Ernüchterungsgröße. Ohne historischen Sinn könnten wir nicht leben. Wir brauchen:

b) den Sinn für Usancen[10]. Auch sie müssen nicht erst erfunden werden, sondern sind – neuzeitlich nur als Gemenge am gleichen Ort bunter als früher – da: als »mœurs«, als Sitten, als Üblichkeiten und Traditionen werden sie gerade modern unverzichtbar; denn je mehr sich – im Zeitalter tachogener Weltfremdheit – dauernd alles ändert, umso mehr braucht man Lebensroutinen, die durch Usancen gesteuert sind als das, was man macht, weil man es immer schon so gemacht hat: je schwerer die Lebenslage, desto größer der Routinebedarf. Auch diese Üblichkeiten gehören – teilweise als Traditionen rationeller Subsysteme – zu den kompensatorischen Kontinuitäten, und man muss zugeben, dass es ohne sie nicht geht: so bedarf es der Entwicklungshilfe für die Entwicklung des Sinns für das Usuelle; denn die Üblichkeiten werden – beschleunigungskompensatorisch – immer wichtiger, und ich vermute, sie sind immer kräftiger da: ohne sie könnten wir – im Zeitalter der Kontinuitätsbrüche – unseren Kontinuitätsbedarf und – im Zeitalter der Weltfremdheit – unseren Vertrautheitsbedarf nicht mehr decken und den Wirklichkeitswandel nicht mehr aushalten; denn: je weniger Kontinuität durch Usancen, desto mehr Flucht in die Illusion. Ihr gegenüber haben Usancen, d.h. Traditionen, Desillusionierungswert: sie sind Ernüchterungsgrößen. Ohne Usancen könnten wir nicht leben. Wir brauchen:

10 Vgl. Odo Marquard, »Über die Unvermeidlichkeit von Üblichkeiten«, in: Willi Oelmüller (Hrsg.), *Normen und Geschichte*, Paderborn 1979 (Materialien zur Normendiskussion. 3), S. 332–342.

c) das Festhalten der Aufklärung[11]. Sie ist jene Modernitätstradition, die – als Wille zur Mündigkeit, d. h. zum Erwachsensein – den Mut zur Nüchternheit zur Routine macht. Man darf – weil man von Usancen ohne Not nicht abweichen soll – auch von dieser Tradition (der Usance Modernität) nicht ohne Not abweichen. Dabei muss man die Aufklärung vor jenen retten, die sie zum Kursus in Weltfremdheit umfunktionieren wollen: zum Doping für Revolutionäre. Denn – das jedenfalls meine ich in meiner Skeptikereigenschaft als Modernitätstraditionalist – es ist nicht Aufklärung, sondern illusionär, die Wandlungsbeschleunigungsschäden der Moderne durch Beschleunigungsüberbietung – und ihre Weltfremdheiten durch Weltfremdheitsüberbietung – beheben zu wollen: mittels Futurisierung des Antimodernismus durch den revolutionären Drang, die Moderne hinter sich zu haben. Denn damit, meine ich, hätte man auch die Aufklärung hinter sich, die – man sollte das deutlich sagen – eine bürgerliche Tradition ist, an der man – um der Nüchternheit willen – festhalten muss durch etwas heute recht Unpopuläres: durch Zustimmung zur eigenen Bürgerlichkeit.

Erlauben Sie mir eine kurze Schlussbemerkung. Die Kennzeichnung »Zeitalter der Weltfremdheit« kommt – ebenso wie die Kennzeichnung »Zeitalter der kompensatorischen Kontinuitäten« – zusätzlich ins Spiel: als Zusatznamen für eine Zeit, die – ich sagte es anfangs – ohnehin viele Namen hat und auch deswegen in einer Orientierungskrise

11 Vgl. Odo Marquard, »Die Erziehung des Menschengeschlechts – eine Bilanz«, in: *Der Traum der Vernunft. Vom Elend der Aufklärung. Eine Veranstaltungsreihe der Akademie der Künste*, Berlin, Erste Folge, Darmstadt/Neuwied 1985, S. 125–133.

steckt, weil sie zunehmend nicht mehr weiß, mit welcher dieser Kennzeichnungen sie sich identifizieren muss. Ich hatte – wie ich eingangs sagte – hier nicht vor, diesen Orientierungsschaden zu reparieren. Ich wollte vielmehr – auch das hatte ich gesagt – die Verwirrung heilsam steigern: durch Erhöhung der Vielnamigkeit unserer Zeit. Warum ist solche Vielnamigkeit heilsam? Mir scheint: mit der Anzahl kontroverser Gegenwartskennzeichnungen – teile und denke! – sinkt die Gefahr monodiagnostischer Sichteinseitigkeiten und steigt die Diagnosefreiheit des Einzelnen. Auf sie kommt es dem Skeptiker– wie ich einer bin – an; denn Skepsis ist ja: der Sinn für Gewaltenteilung bis hin zur Teilung auch noch jener Gewalten, die die Namen sind. In diesem Sinne habe ich unsere Zeit nicht gekennzeichnet, sondern nur mitgekennzeichnet, indem ich sie – mit Fragezeichen – nannte: Zeitalter der Weltfremdheit.

Zur Diätetik der Sinnerwartung

Philosophische Bemerkungen

Der Sinn – und dieser Satz steht fest – ist stets der Unsinn, den man lässt. Ich meine, beim Rahmenthema »Sinn im Horizont der Wissenschaft« kommt man als Philosoph ganz gut durch mit dieser – Sie haben das sofort bemerkt – Variante einer Formulierung von Wilhelm Busch, die da lautet: »Das Gute, dieser Satz steht fest, ist stets das Böse, das man läßt«, die umgedrehter Plotin ist: nicht das Böse ist Mangel (privatio boni), sondern das Gute ist Mangel (privatio mali): es ist die Absenz des Schlimmen. Das war die These Schopenhauers: Busch ist gereimter Schopenhauer, womit ich nicht behaupte, dass Schopenhauer ungereimt ist.

Ich wiederhole: Der Sinn – und dieser Satz steht fest – ist stets der Unsinn, den man lässt. Diese Formulierung möchte ich hier – nun freilich ganz und gar nicht aus der Position Schopenhauers heraus – zu einem philosophischen Gedanken stabilisieren, und zwar in etwa 55 Minuten in folgenden vier Abschnitten: 1. Modernität der emphatischen Sinndebatte; 2. Sinndefizit und Anspruchsdenken; 3. Die Indirektheit von Sinn und der Unsinn der direkten Sinnintention; 4. Fürsprache für den unsensationellen Sinn. Ich beginne – ganz konventionell, brav und sittsam – mit Abschnitt:

1. Modernität der emphatischen Sinndebatte

Bemerkenswert scheint mir folgender begriffs- und problemgeschichtlicher Befund: Das emphatische Sinnproblem und der emphatische Sinnbegriff (derzeit ein »hot issue«, wieder einmal ein Diskussions-Renner vom Dienst) sind – im Unterschied zu davon verschiedenen Altbedeutungen des Sinnbegriffs – eine sehr junge und durchaus spätmoderne Angelegenheit. Ich beginne mit Unterscheidungen. Man muss oder kann – meine ich – zumindest drei Sinnbegriffe unterscheiden: den sinnlichkeitsbezüglichen Sinnbegriff, den verständlichkeitsbezüglichen Sinnbegriff und den emphatischen – den glücksbezüglichen – Sinnbegriff. Erlauben Sie mir hier zunächst – zur Erläuterung – drei kurze einschlägige Hinweise (a–c). Da ist:

a) der *sinnlichkeitsbezügliche* Sinnbegriff: *Sinn hat, wer merkt* (im Unterschied zu dem, der nicht merkt, weil ihm zuständige Sinne fehlen, oder weil er – und sei es denkend durch Abstraktionsorgien – nur spinnt) *und also: Sinn hat, wer – durch Merken – genießen oder leiden kann.* Die Menschen merken durch ihre fünf Sinne: das Gesicht (wenn sie nicht blind sind), das Gehör (wenn sie nicht taub sind), den Geschmack, den Geruchssinn und den Tastsinn, also das Sinnen-Ensemble der menschlichen *aisthesis*, d. h. der *sensatio* bzw. *sensualitas* bzw. *sensibilitas*, also der »Sinnlichkeit«, deren äußere Sinne unterscheidbar sind vom inneren Sinn (*sensus interior*) ebenso wie vom Gemeinsinn (dem *sensus communis* für die *communis opinio*, für *topos* und *common place*, aber auch fürs Gemeinwohl). So gibt es nicht nur den »sinnlichen« – ggf. »sinnlich genialen« – Menschen, der genießt, indem er seine Sinnlichkeit auslebt, sondern auch den »sensiblen« Menschen mit dem »Sinn für« etwas: dem »Feinsinn«, »esprit de finesse«, dem Sensorium für das Ziemliche der Sitten und ihre »feinen Unterschiede« und die tolerablen Möglichkeiten des Ausbruchs aus ihnen in die direkte Herzlichkeit oder Ruppigkeit; dem »moral sense« für das Gute; dem »taste« bzw. »goût« und »gusto«, d.h. Geschmack für das Schöne; dem »Gespür« und der »Nase« für das Fällige, womit die Grenze sich schon verwischt zum zweiten Bedeutungsfeld. Denn da ist:

b) der *verständlichkeitsbezügliche* Sinnbegriff: *Sinn hat, was verständlich ist* (im Unterschied zum ganz und gar Unverständlichen und Fremden). Hierhin gehört – als auch eine Altbedeutung des Sinnbegriffes – der *sensus scripturae*, der – gegebenenfalls mehrfache (mindestens literale und spirituelle, d.h. buchstäbliche und geistige) – Schriftsinn der Heiligen Schrift, wobei man das Verständliche und das Verständnis dieser oder jeder Schrift oder Handlung oder Wirklichkeit zuweilen kurz aussprechen kann: durch – auch das ist ein alter Sinnbegriff – eine »Sentenz« (juristisch: Urteilsspruch; praktisch: Entschluss; theoretisch: These; literarisch: Sinnspruch und Sinngedicht; und metaphorisch-emblematisch: das Sinnbild): sie präsentierten Verständnis des Verständlichen. Dieser verständlichkeitsbezügliche Sinnbegriff regiert – auch dies modern und hektisch erst in unserem Jahrhundert – die hermeneutische, phänomenologische und neuerdings soziologische Sinndiskussion: der neopositivistisch wissenschaftstheoretische Disput um das analytische Sinnkriterium (als Wissenschaftsabgrenzungskriterium) – das Abstinenz von der Metaphysik, d.h. dem Sinnlosen als dem empirisch Unentscheidbaren, Unverifizierbaren, Unprüfbaren verlangt – ist davon nur die

Schwundstufe, die übrigens die ruinöse Anwendung dieses Sinnkriteriums auf es selbst nur durch Unterscheidung von Objektsprache und Metasprache zu stoppen vermag, wobei allemal die Frage bleibt, ob diese Unterscheidung ihrerseits im Sinne dieses Sinnkriteriums sinnvoll ist. Plausibler ist es, jene Recherchen für sinnlos zu halten, deren Ergebnisse folgenlos sind, wie z. B. die Beantwortung der Frage, ob die Subtraktion der Quersumme aller ungeraden Mainzer Telefonnummern von der Quersumme aller geraden Mainzer Telefonnummern eine positive oder eine negative Zahl ergibt: »Schad't ja nicht, aber was soll das?«, heißt es im Volksmund, der so das pragmatische Sinnkriterium verwendet. Wie das Richtige aus dem Umkreis des Diskutablen stammt, so stammen Bestimmungen, Prädikationen, eidetische Varianten, Abschattungen, Bewandtnisse einer Sache aus dem Möglichkeitsumkreis ihrer affinen Bestimmungen: »die Pfeife ist kein Opernsänger«, das stimmt zwar, ist aber sinnlos, weil niemand auf die Idee käme zu sagen, sie sei doch einer. Derlei hat der phänomenologische Sinnbegriff im Blick bis hin zu Heideggers Groß-Frage nach dem »Sinn von Sein« und seiner Bestimmung als Zeit: es ist sinnlos, Sein durch Charakteristika des Vorhandenen oder Zuhandenen oder deren Negation zu bestimmen; das Seinsverständnis – das des »ist« – verlangt sinnvollerweise stets Temporalcharakteristiken, von denen die amtierende abendländische Metaphysik – die anderen ausschließend – nur eine einzige aktualisiert: sie ist im Reiche der Zeit der Staatsstreich der Gegenwart. Phänomenologisch-hermeneutisch verstanden, ist der Zuspruch von Sinn also ein Abgrenzungsverfahren: es beleuchtet die Pointe einer aktualisierten Position durch Verweis auf das, was sinnvollerweise sonst noch vertreten werden könnte, und durch Ausgrenzung dessen, was nicht. Dieser phänomenologisch-hermeneutische Sinnbegriff lebt – durch Alfred Schütz und Niklas Luhmann – in der Gegenwartssoziologie fort. Ich verschone Sie hier mit der Diskussion der Luhmann-These, dass bei Negationen, die Komplexitätsreduktion mit Komplexitätserhaltung verbinden, das durch die Negation Aktualisierte und das durch die Negation Potentialisierte (jedenfalls dieses beides und nur dieses beides) Sinn hat, denn man kommt bei dieser – heute gern übersubtil geführten – Diskussion ganz gut hin, wenn man sich eben merkt: Der Zuspruch von Sinn ist ein Abgrenzungsverfahren, durch das abgegrenzt wird: das Verständliche vom ganz und gar Unverständlichen, das Vertraute vom ganz und gar Fremden, das Affine vom ganz und gar Nichtaffinen, das Mögliche vom ganz und gar Unmöglichen, die Welt gegenüber der Un-Welt. Dabei ist das Sinnvolle nicht stets auch das Wichtige; die Relevanzfrage führt vielmehr auf ein drittes Bedeutungsfeld; denn da ist:

c) der *emphatische* Sinnbegriff: *Sinn hat, was sich – gegebenenfalls absolut – lohnt* (was wichtig ist, erfüllt, zufrieden, glücklich macht und nicht verzweifeln lässt, emphatisch – als ihr Wert und Zweck – bezogen auf das Menschenleben, die Geschichte, die Welt). Dies ist jener Sinnbegriff, der – so habe ich das Anwerbungsschreiben von Herrn Saame verstanden – in dieser Vorlesungsreihe »Sinn im Horizont der Wissenschaft« im Aufmerksamkeitsmittelpunkt steht. Man könnte daher vermuten, dass diese Vorlesungsreihe eine Jubiläumsveranstaltung ist: denn – soweit ich im Augenblick weiß – dieser emphatische Sinnbegriff hat vor genau 100 Jahren – in Diltheys *Ein-*

leitung in die Geisteswissenschaften von 1883 – das Licht der Welt erblickt, und zwar als geschichtstheologie- und geschichtsphilosophiekritische Abwehrvokabel; denn dort und erst dort heißt es: zwar will die Theologie und – »säkularisiert«[12] – die »Philosophie der Geschichte [...] den Sinn des geschichtlichen Verlaufs, d. h. seinen Wert und sein Ziel aussprechen«[13]; jedoch (meint Dilthey): »es gibt so wenig ein [...] letztes und einfaches Wort der Geschichte, das ihren wahren Sinn ausspräche, als die Natur ein solches zu verraten hatte«[14]: die Geschichte hat keinen »senso unico«, sie ist keine Einbahnstraße. Noch Schopenhauer hatte seinen pessimistischen Sinnlosigkeitsverdacht gegenüber der Welt ohne Verwendung des Wortes »Sinn« formuliert; erst Nietzsche holt diese Verwendung einschlägig nach: zuerst 1886 in seiner *Fröhlichen Wissenschaft*[15]: »Indem wir die christliche Interpretation [...] von uns stossen und ihren ›Sinn‹ wie eine Falschmünzerei verurtheilen, kommt nun sofort auf eine furchtbare Weise die Schopenhauersche Frage zu uns: hat denn das Dasein überhaupt einen Sinn? – jene Frage, die ein paar Jahrhunderte brauchen wird, um« – »durch die Heraufkunft des Nihilismus«[16] – »auch nur vollständig und in alle ihre Tiefe hinein gehört zu werden.« Das Aufwerfen dieser emphatischen

12 Wilhelm Dilthey, *Gesammelte Schriften*, 12 Bde., Leipzig/Berlin 1913 ff., Bd. 1, hrsg. von B. Groethuysen, 1922, S. 99.

13 Ebd., S. 96.

14 Ebd., S. 92.

15 Friedrich Nietzsche, Die fröhliche Wissenschaft, Stuttgart 2000, S. 260 f.

16 Friedrich Nietzsche, Die *nachgelassenen Fragmente. Eine Auswahl*, hrsg. von Günter Wohlfart, Stuttgart 1996, S. 242 f.

Frage gehört spezifisch zur spätmodernen Welt; sie wird dann zwar verschieden beurteilt; entweder: wer nach dem Sinn des Lebens fragt – so Freud –, ist krank; oder: wer nicht nach dem Sinn des Lebens fragt – so Frankl –, wird krank. Indes: die Frage selber wird – scheint es – zunehmend unausweichlich; man muss sich ihr stellen: etwa in Gestalt der Erfahrung des »Absurden«, so Camus im *Mythos von Sisyphos*, ich zitiere: »Es gibt nur ein wirklich ernstes philosophisches Problem: den Selbstmord. Die Entscheidung, ob das Leben lohne oder nicht, beantwortet die Grundfrage der Philosophie«[17]: die Sinnfrage, und zwar durch »Sinngebung des Sinnlosen«. Das jedenfalls gehört zur *Trotzphase* dieser modernen Konjunktur der Sinnlosigkeitserfahrung. Sie – eine spezifisch moderne Erfahrung nicht nur dort, wo sie durch Verwendung des Wortes »Sinn« sich artikuliert – schlägt alsbald um in die *Klagephase*: dann beklagt man den Mangel an Sinn als Sinnverlust, indem man gegebenenfalls jene Zeiten zurücksehnt, die diese Sinnverlustklage noch nicht nötig hatten, weil sie – als religiöse oder sonst wie sinnsichere Zeitalter – mit Wirklichkeitsvertrauen zu lieben, zu hoffen, zu glauben vermochten, was heute – heißt es – weithin nicht mehr möglich sei. Dabei wird – angesichts seines Verlustes – »Sinn« zum pathetischen Begriff und so – modern und spätmodern – die Sinndebatte emphatisch; dadurch wird der Sinnverlust umso schmerzlicher spürbar, und es wird zur verbreiteten Überzeugung, was nunmehr ausgemachte Tatsache zu sein scheint: wir –

17 Albert Camus, *Le Mythe de Sisyphe* (1942); dt.: *Der Mythos von Sisyphos. Ein Versuch über das Absurde,* übers. von Hans Georg Brenner und Wolfdietrich Rasch, Bad Salzig / Düsseldorf 1950, S. 13.

die spätmodernen Menschen – leben im »nihilistischen« Zeitalter des großen Sinndefizits. Das ist – gegenwärtig – der Stand der Dinge in Sachen Sinn: jene emphatische Sinnverlustklage, die sich in den letzten Jahren durch mancherlei auffällige Phänomene zusätzlich meldet: durch – teilweise politisch sich artikulierende – Protestbewegungen von Sinnvermissern; durch neureligiöse Sinnsuchbewegungen mit fundamentalistischem Touch; durch breite – auch und gerade intellektuelle – Wiederzuwendung zu altreligiösen Sinngarantien; durch symptomatische Expansion eines einschlägigen Beratungs-, Betreuungs- und Therapiegewerbes von »Sinnproduzenten« und »Sinnvermittlern«, wie Schelsky sie genannt hat; durch philosophische Großturniere um das Sinnverwaltungsmonopol; durch das Aufbrechen der Sinnfrage selbst bei den sogenannten Einzelwissenschaften und inmitten der technologischen Expertenriegen. Man trägt wieder »Sinn«: »Sinn« ist »in«. Sinn wird zum Desiderat vom Dienst; denn offenbar wird – in der gegenwärtigen Welt – allenthalben auf bedrückende Weise ein Sinndefizit verspürt. Woran liegt das?

2. Sinndefizit und Anspruchsdenken

Der Sinn – und dieser Satz steht fest – ist stets der Unsinn, den man lässt. Diese Formel wird hier zum Refrain meiner Überlegungen, weil sie geeignet ist, die Sinnfrage zu ernüchtern. Ernüchtert werden – scheint mir – muss sie, die emphatisch und klagetrunken gewordene Frage; darum bringe ich hier das Problem des Sinndefizits – der großen modernen Sinnenttäuschung und Sinnverlustklage – mit dem modernen und heutigen Anspruchsdenken zusammen.

Freilich: ich sehe Sie schon müde abwinken. Das – werden Sie sagen – wissen wir schon, haben wir schon gehabt, ist nichts Neues für uns: die heutige Anspruchsgesellschaft kompensiert durch Konsumaufwand das Sinndefizit. Das hat man uns – werden Sie geltend machen – mehrfach schon gesagt: weil der Lebenssinn verlorengegangen ist, flieht man in Surrogate, eben in das Anspruchsdenken. Die Ansprüche wachsen, weil der Sinn ausbleibt: die moderne Wohlstandsgesellschaft ist – objektiv vergeblich – der Versuch, den verlorenen Sinn durch Luxus zu ersetzen; durch eine Art umgedrehten »overkill« – also durch »overlife« – wird das Sinnlose transformiert zum Superleben. An die Stelle des Sinns treten die Zerstreuung, das Geld, der Erfolg, das Prestige, das Wachstum, die Korpulenz in physischer, technischer und ökonomischer Form: die moderne Anspruchsgesellschaft ist der Kummerspeck des Sinndefizits. Weil das Leben, das man lebt, leer ist, braucht man es – und alles in ihm – mindestens zweimal: den Zweitfernseher, das Zweitauto, das Zweithaus, das Zweitstudium, die Zweitfrau oder den Zweitmann, das Zweitleben etwa als Urlaub; das greift – nun schon fast hoffnungsvoll – inzwischen sogar schon über aufs Geistige und auf den Bücherschrank: es wächst – nach der sarkastischen Formulierung von Wolf Lepenies –, es wächst die Tendenz zum Zweitbuch. Es gibt den Zweitberuf, die Zweitarbeit als Schattenwirtschaft und als Expansion der Nebentätigkeit; wer – beispielsweise – längst hinreichend zu tun hat mit Forschung, Lehre und Wissenschaftsadministration, übernimmt trotzdem auch noch dauernd Vorträge, z. B. im Studium generale in Mainz. Diese Verdoppelungssucht geht eben um: was – einmal gelebt – sinnlos ist, muss man zum Ausgleich – wenn auch weiterhin sinnlos – zweimal oder mehrmals leben. So wachsen die Lebensansprüche direkt proportional zum zunehmenden Sinndefizit: Wachstum statt Sinn. Das alles – werden Sie sagen – brauchen Sie uns nicht klarzumachen, denn *es ist* uns schon klar. Diesen Zusammenhang zwischen Sinndefizit und Anspruchsdenken, den – werden Sie sagen –, den kennen wir schon.

Ich versichere: ich glaube Ihnen das. Gerade weil ich es Ihnen glaube – weil ich vermute, dass Sie diesen Kompensationsnexus zwischen Sinndefizit und Sinnsurrogaten kennen, der zweifellos und von mir unbestritten besteht –, möchte ich Sie gerade nicht auf ihn, sondern – diese Diagnose ergänzend und sie nur dadurch korrigierend – auf etwas ganz anderes aufmerksam machen: auf einen noch anderen Nexus zwischen Sinndefizit und Anspruchsdenken, den es ebenfalls gibt. Ich meine, dass Folgendes zutrifft: Wenn irgendwo Erwartung und Erfüllung divergieren, so dass Enttäuschungen, Erfüllungsdefiziterlebnisse, Mangelerfahrungen entstehen, dann gibt es niemals nur eine, sondern dann gibt es stets zwei Möglichkeiten der Erklärung: entweder nämlich ist da zu wenig Erfüllung, oder es ist da zu viel Erwartung; entweder das Angebot ist zu klein, oder die Nachfrage ist zu groß. Das – meine ich – trifft auch zu in Sachen Sinn: die Erfahrung von Sinndefiziten muss nicht allemal aus Sinnmangel herrühren, sie kann entstehen auch aus einer Übererwartung von Sinn. Nicht der Sinn fehlt dann, sondern der Sinnanspruch ist übermäßig. Ich glaube, dieser zweite Fall ist der interessantere und wichtigere Fall:

dieser andere Nexus zwischen Sinndefizit und Anspruchsdenken. In der Anspruchsgesellschaft kompensieren nicht allein die Ansprüche das Sinndefizit; vielmehr: das Sinndefizit entsteht seinerseits durch Ansprüche, nämlich durch einen unmäßigen Sinnanspruch. Weil wir – die Mitglieder der Anspruchsgesellschaft – verwöhnt sind mit Anspruchserfüllungen, wollen wir auch mit Sinn verwöhnt werden: darum steigt – in der Anspruchsgesellschaft – insbesondere auch der Sinnanspruch in schwindelnde Höhen und über jedes erfüllbare Maß hinaus, so dass er nur enttäuscht werden kann und so zwangsläufig die Erfahrung von Sinnleere erzeugt und die großen Sinnverlustklagen veranlasst. Meine These – die also den Sinnverlust aus der zunehmenden Anspruchshaltung auch in Bezug auf Sinn erklärt – ist somit diese: *unsere primäre Schwierigkeit ist nicht der Sinnverlust, sondern das Übermaß des Sinnanspruchs*; und nicht die große Sinnverlustklage bringt uns weiter, sondern eine Reduktion des unmäßig gewordenen Sinnanspruchs, eine Diät in Sachen Sinnerwartung.

Es kann nicht ausbleiben, dass sich gegenüber dieser These Widerspruch erhebt: sie mobilisiert Widerstände, und zwar – plausiblerweise – aus mindestens zwei Richtungen. Zum einen durch die Sinnvermittlungsprofis; insbesondere die gewerblichen Klageweiber und Klagemänner in Dingen Sinnverlust und die (mit dem Ausdruck Max Webers) »hierokratisch« gestimmten Wegweiser für den »senso unico« der Menschheit müssen fürchten, arbeitslos zu werden: meine These ist ein Angriff auf ihre Branche. Zum anderen müssen sich auch diejenigen – und das sind wir mehr oder weniger alle – getroffen fühlen, für die der Sinnverlust zum liebgewordenen Alibi fürs expansive

Wohlleben oder fürs Murren über sein Ausbleiben geworden ist; durch unmäßige Steigerung der Sinnansprüche durfte jedermann wohlentschuldigt die Surrogate ihrer Nichterfüllung in Anspruch nehmen: das angenehme Leben oder die Empörung über sein Fehlen. Dieser nur allzu verständliche Doppelwiderstand gegen meine These macht sie nun freilich nicht falsch, sondern unterstreicht die Notwendigkeit, sie ausdrücklich zu formulieren und häufig zu wiederholen, was ich sofort noch einmal tue: die moderne und gegenwärtige Sinnverlusterfahrung resultiert aus einem Überanspruch in Bezug auf Sinn; unsere primäre Schwierigkeit ist also nicht der Sinnverlust, sondern das Übermaß des Sinnanspruchs; und nicht die große Sinnverlustklage bringt uns weiter, sondern eine Mäßigung – eine Reduktion – des unmäßig gewordenen Sinnanspruchs: eine Sinndiät durch Diätetik der Sinnerwartung. Dabei meint Diätetik hier keinen Zweig der Ernährungswissenschaften: das ist eine sehr späte Wortbedeutung; ich hingegen habe hier zwar nicht die ursprünglich hippokratisch-medizinische Bedeutung dieses Wortes im Auge, wohl aber die alte in etwa von Feuchtersleben: Diätetik ist ein Teil der praktischen Philosophie. Sie ist dabei nicht Ethik der Diät, sozusagen Diät-Ethik, wohl aber wirklich ein Teil der Ethik: jener, der es statt mit Normenbegründungsfragen zu tun hat mit der Lebenskunst, nämlich mit Ratschlägen für die Kunst, halbwegs beschwerdenfrei und halbwegs glücklich zu leben. Eine Diätetik der Sinnerwartung traktiert also die Frage, wie man in lebensbekömmlicher Weise mit dem Sinnproblem umgeht; und dazu nach der ersten Halbzeit meiner Überlegungen in ihrer zweiten Halbzeit, d. h. in den beiden restlichen Abschnitten, jetzt einiges Weitere.

3. Die Indirektheit von Sinn und der Unsinn der direkten Sinnintention

Der Sinn – und dieser Satz steht fest – ist stets der Unsinn, den man lässt. Diese Formulierung macht unter anderem geltend, dass Sinn etwas Indirektes ist; und so riskiere ich folgende sinndiätetische These: Jener Unsinn, den man – um des Sinnes willen – am meisten lassen muss, ist die direkte Sinnintention.

Sinn ist ein Deckname für Glück. Es ist plausibel, dass er – als Begriff für das Lohnen des Lebens – gerade im 19. Jahrhundert ins Spiel kommt: zu einer Zeit, wo – als Folge des Erfolgs der kantischen Pflichtethik des kategorischen Imperativs und ihrer sogenannten Eudämonismuskritik, ihrer Kritik der Glücksethik – das Glücksproblem als zentrales Positivproblem aus der Philosophie verbannt war, und zwar so sehr, dass auch noch dort, wo – weil man das Glücksproblem als zentrales Positivproblem nicht auf Dauer aus der Philosophie verbannen kann – das Glücksproblem wiederkehrte, das Problem des Glücks nicht mehr unter seinem eigenen Namen auftreten durfte, sondern nur mehr unter Decknamen: dann also – zunächst und seither immer wieder – als Problem des Sinns. Dieser Vorgang der Pseudonymisierung des Problemthemas Glück bestimmt auch noch heute die philosophische Szene; so hat – inzwischen – das Glück eine ganze Reihe von Pseudonymen gebraucht und wohl auch verbraucht: die Eigentlichkeit, das Prinzip Hoffnung, das unbeschädigte Leben, die Emanzipation, die Lebensqualität, die Selbstverwirklichung, die Authentizität, und dazwischen immer wieder und derzeit erneut eben: Sinn. Bei diesem Vorgang der Pseudonymisierung des Glücks gerät nun – vielleicht nur erneut – in Vergessenheit, was beim nichtpseudonymen Glück in der Regel einigermaßen offenkundig ist: dass nämlich – obwohl, wie Aristoteles sagte, alle es wollen – das Glück nicht direkt intendiert werden kann; und so kommt es – durch diese Pseudonymisierung des Glücks bis hin zum Glücksdecknamen Sinn – zum Unsinn der direkten Sinnintention.

Mit direkter Sinnintention meine ich ein Verhalten, das demjenigen gleicht, das Hegel – in anderem Zusammenhang – durch die kleine Geschichte illustriert hat von jenem Mann, der Obst wollte und darum Äpfel, Birnen, Pflaumen, Kirschen und Quitten verschmähte, denn er wollte nicht Äpfel, sondern Obst, und nicht Birnen, sondern Obst, und nicht Pflaumen, sondern Obst, und nicht Kirschen, sondern Obst, und nicht Quitten, sondern Obst: er wählte also den einzigen mit Sicherheit erfolgreichen Weg, gerade das nicht zu bekommen, was er doch wollte: nämlich Obst; denn Obst ist jedenfalls für uns Menschen – nur in Gestalt von Äpfeln oder Birnen oder Pflaumen oder Kirschen oder Quitten zu haben. Ganz ähnlich ergeht es dem, der das Glück – pseudonymisiert zum Sinn – direkt intendiert; denn so einer will nicht lesen, sondern Sinn, nicht schreiben, sondern Sinn, nicht arbeiten, sondern Sinn, nicht faulenzen, sondern Sinn, nicht lieben, sondern Sinn, nicht helfen, sondern Sinn, nicht schlafen, sondern Sinn, nicht Pflichten erfüllen, sondern Sinn, nicht Neigungen folgen, sondern Sinn, und so fort: er will nicht Beruf, sondern Sinn, nicht Hobby, sondern Sinn, nicht Familie, sondern Sinn, nicht Alleinsein, sondern Sinn, nicht Staat, sondern Sinn, nicht Kunst, sondern Sinn, nicht Wirtschaft, sondern Sinn, nicht Wissenschaft, sondern Sinn, nicht

Mitleid, sondern Sinn, und so fort. Auch er wählt den einzigen mit Sicherheit erfolgreichen Weg, gerade das nicht zu erreichen, was er doch will: nämlich Sinn; denn Sinn ist – jedenfalls für uns Menschen – stets nur auf dem Weg über Beruf, Familie, Einsamkeit, Staat, Kunst, Wirtschaft, Wissenschaft, Pflichten, Neigungen, Mitleid und so weiter zu erreichen, und ihn anders erreichen zu wollen ist Unsinn. *Kein Mensch ist unmittelbar zum Sinn: Menschen sind stets nur mittelbar zum Sinn:* auf dem Umweg über bestimmte Üblichkeiten und Pensen, die auch institutionalisierte Routinen sein können und sehr häufig institutionalisierte Routinen sind, und jedenfalls stets bestimmte, d. h. begrenzte Pensen, woraus – *nota bene* – folgt, dass Sinn alias Glück mit Verzichtenkönnen zu tun hat, was die Stoiker wussten: wer nicht verzichten kann, wird nicht glücklich. Wer also Sinn nicht auf diesem Umweg über bestimmte Pensen, sondern wer Sinn direkt haben will, bekommt ihn nicht, jedenfalls nicht in dieser unserer menschlichen Welt. Er müsste also eine andere Welt wollen, die so gebaut ist, dass dort gelingt, was in unserer Welt nicht gelingen kann: die Lebenserfüllung durch direkte Sinnintention.

Man könnte darum meinen, der Unsinn der direkten Sinnintention gehöre zu jenen Religionen, die versprechen, dass alles ganz anders wird: die – wie etwa die Bibel – eine neue Welt verheißen und einen neuen Menschen in ihr. Doch hier muss man, denke ich, unterscheiden: nämlich – im Falle des Christentums – einerseits das Christentum und andererseits jene Positionen, gegen die es entstand, indem es sie – früh schon – zur Häresie erklärte. Zwar halte ich es nicht für ausgeschlossen, dass unser heutiges Bedürfnis nach Verwöhnung mit Sinn durch das

Christentum gefördert wurde: nämlich – als der Sinn als Glück durch den Sinn als Heil nicht so sehr pseudonymisiert als vielmehr überboten wurde – durch die christliche Gewissheit über Gottes Zusage an die Menschen, nicht mehr nur – wie im griechischen Falle des Glücks – bei einer endlichen Partie (bei der Polis, beim Einzelnen) auf endliche Weise, sondern nun – im christlichen Falle des Heils – bei einer absoluten Partie (der Partie Gottes) auf absolute Weise mit von der Partie zu sein: das ist schon ein Sinnquantum, durch das man in Dingen Sinn verwöhnt werden kann. Doch muss man – ich wiederhole es – unterscheiden: nicht das Christentum hat diese absolute Sinnpartie zur direkten Sinnintention stilisiert, sondern jene Positionen haben das getan, gegen die das Christentum entstand, indem es sie – früh schon – zur Häresie erklärte: ich meine die – am konsequentesten von Marcion vertretene – gnostisch-eschatologische Version, die durch Positivierung der Weltfremdheit mittels Negativierung der vorhandenen Welt für eine ganz andere und ganz neue Welt optierte und darum – eschatologisch – für das Ende der vorhandenen Welt eintrat, so sehr, dass sie auch das Ende ihres Schöpfergottes – was man also heute den Tod Gottes nennt – wollte durch einen Gegengott der ausschließlichen Erlösung: der Erlösung des Menschen zu einer Lage, in der das gelingt, was in der vorhandenen Welt nicht gelingen kann: die Lebenserfüllung durch direkte Sinnintention, und in der gilt, was in unserer vorhandenen Welt nicht gilt: die Menschen sind unmittelbar zum Sinn.

Gegen diese gnostische Häresie und ihre Rezidive – ich beziehe mich auf Thesen von Harnack und Blumenberg – ist nicht nur die christliche Kirche entstanden und die mittelalterliche Philosophie, die gegen den direkten den indirekten Gott wiederherstellte, dem man die Ehre gibt, indem man seiner Welt und den menschlichen Verrichtungen in ihr angemessen die Ehre gibt, sondern schließlich auch jenes Zeitalter, von dem meine Überlegung ausging: die Neuzeit. Auch und gerade die Neuzeit, die moderne Welt – als das Zeitalter der Neutralisierungen der direkten Sinnintention –, ist der große Versuch, dem Sinn – als Glück – seine Indirektheit wiederzuverschaffen und zu retten: das geschieht notfalls – wenn auch nicht durchweg – gegen den Gott religiöser Eschatologien (wo diese – wie in den Konfessionsbürgerkriegen – zum Auslöser direkter Sinnstreitigkeiten mit blutigen und tödlichen Folgen werden) durch den Schritt dann in die Profanität, der das Religiöse neutralisiert. Dieser Schritt ins »Zeitalter der Neutralisierungen« neutralisiert es akkurat in der sechstagerenntechnischen Bedeutung dieses Worts: wo der Staat, die moderne – exakte oder hermeneutische – Wissenschaft, das System der Bedürfnisse und seine ökonomischen und technischen Vollzüge ihre Entscheidungen pragmatisch fällen, wird heilsmäßig nichts mehr entschieden *et vice versa.* Das wird in seiner pragmatischen Nüchternheit unsensationell und insofern ein wenig langweilig; doch schließt es Sinn dennoch gerade nicht aus: denn diese Ernüchterung, die die Neuzeit und ihre Aufklärung ist, rettet vielmehr nur – gegen jeglichen Unsinn direkter Sinnintention – die Indirektheit von Sinn: es ist – sage ich als Skeptiker, der jenen Traditionalismus, der zum Skeptiker stets gehört, als Modernitätstraditionalist ableistet –, es ist wichtig, diesen Ernüchterungsvorgang, die »raison d'être« der neuzeitlichen und modernen Welt, als vernünftig anzuerkennen und – wie Hegel es ausdrückt – seinen Frieden mit ihm zu machen, mit ihm als einer Bewahrung dessen, was wir Menschen brauchen: einer Bewahrung der Indirektheit von Sinn.

4. Fürsprache für den unsensationellen Sinn

Der Sinn – und dieser Satz steht fest – ist stets der Unsinn, den man lässt. Vor allem ist das der Unsinn der direkten Sinnintention, die zwar das Sinnproblem sensationell werden lässt, aber die Menschen ins Unglück stürzt: in die Erfahrung der Sinnleere, in die Verzweiflung und im Extremfall in die Umkehrung der direkten Sinnintention, in die direkte demonstrative Sinn-Negation: den Selbstmord. Das – die direkte Sinnintention des Einzelnen und der Menschheit und ihr negatives Gegenbild, der Suizid des Einzelnen und die Suizidangst der Menschheit: ihre gegenwärtige Angst vor der Selbstauslöschung – sind die Extrempole der sensationellen Sinndimension. Diese sensationelle Sinndimension wird gerade modern – gegenläufig zur Grundtendenz des Zeitalters der Neutralisierungen, gegenläufig zu jener pragmatischen Ernüchterung der Welt, zu der die nicht wildgewordene Aufklärung führt, die dadurch ein Aufregungs-, ein Sensationsdefizit erzeugt –, nostalgisch wiederaufgesucht und hochgejubelt zur kompensatorischen Deckung des menschlichen Aufregungs- und Sensationsbedarfs: in Sachen Sinn durch die emphatische Sinndebatte, durch emphatische Verheißungen oder Vermissungen von Sinn, wobei Verheißung oder Vermissung und vor allem Sinn das Sekundäre sind, das Primäre die Aufregung und die Emphase: die Deckung des Sensationsbedarfs durch das Sensationelle: den sensationellen Sinn oder die sensationelle Sinnlosigkeit, durch erneut direkte Sinnintention oder direkte demonstrative Sinn-Negation. Das – diese Sehnsucht nach dem total gemütsbewegenden, dem spruchband- und theaterdonnerfähigen Supersinn – ist eine aufklärungskompensatorische Nostalgiewelle großen Stils, die die spätmoderne Szene zu beherrschen scheint: die trunkene Sehnsucht nach dem sensationellen Sinn. Aber gerade von ihr – dieser Einfalt vom Dienst – muss man ablassen.

Die hier von mir versuchte Diätetik der Sinnerwartung rät und empfiehlt darum – in Dingen Sinn – einen *Abschied vom Sensationellen*: den Verzicht auf den sensationellen Sinn und die sensationelle Sinnlosigkeit als Verzicht auf die direkte Sinnintention und die direkte Sinn-Negation. Sie rät und empfiehlt also die Kultur des unsensationellen Sinns. Folglich geht es ihr darum, die Sinnerwartung zurückzunehmen aus der Erwartung von direktem Sinn in die Erwartung von indirektem Sinn. Deswegen meint sie: Man muss gerade gegenwärtig ablassen mindestens – und ich betone: mindestens, denn meine Erwägung prätendiert keine Vollständigkeit – von viererlei Unsinn: vom Sinnfragenverbot, von der Verachtung kleiner Sinnantworten, von den Perfektionismen, von der Bindung der Lebensbejahung an den absoluten Sinnbeweis. Darüber hier zum Abschluss nacheinander – *en suite* – vier kurze Bemerkungen (a–d):

a) Man muss – gerade auch gegenwärtig – ablassen vom *Unsinn des Sinnfragenverbots* (etwa durch das analytische Sinnkriterium, d. h. den Sinnlosigkeitsverdacht gegen die Metaphysik). Darum plädiere ich – obzwar Skeptiker – für Metaphysik, weil die Metaphysik Sinnfragen festhält. Sie tut das zwar durch metaphysische Antworten; aber zuweilen kann man Fragen nur durch Antworten festhalten (Antworten sind häufig vor allem ein Fragentransportmittel), und Sinnfragen kann man häufig nur durch metaphysische Antworten festhalten. Um Sinnfragen sinndiätetisch gemäßigten – gegebenenfalls nichtmetaphysischen – Antworten zuzuführen, muss man sie zunächst einmal haben; und es ist besser, sie metaphysisch zu haben, als sie gar nicht zu haben, wenn es auch – das ist die Meinung des Skeptikers – nicht allemal gut ist, sie metaphysisch zu beantworten. Aber auch skeptisch gesehen, haben metaphysische Antworten durchaus Vorteile; denn die Metaphysik gibt in der Regel auf eine Frage nicht nur eine, sondern mehrere, d. h. zu viele Antworten und hält gerade dadurch die Frage offen.

b) Man muss – gerade auch gegenwärtig – ablassen vom *Unsinn der Verachtung der ›kleinen‹ Sinnantworten.* Diesseits der Metaphysik ist – in Bezug auf die Frage nach dem unsensationellen Sinn – die Minimalinstanz für eine Minimalantwort die Lebenserfahrung. Die aber zeigt: gerade das, was die Protagonisten direkter Sinnintention als deren Behinderung und Vereitelung verdammen – also die bestimmten und detaillierten und institutionalisierten Lebenspensen: z. B. Beruf, Familie, umgrenzte Verantwortungen, bestimmte Verrichtungen und Routinen –, ist das entscheidende Remedium gegen das, in was die direkte Sinnintention zwangsläufig umschlägt: die absolute Verzweiflung. Die Menschen verzweifeln nicht, solange sie immer gerade noch etwas zu erledigen haben: die Milch am Überkochen zu hindern, den Zug in den nächsten Bahnhof zu fahren, das Baby zu füttern, zu Ende zu operieren, das termindringliche Förderungsgutachten zu schreiben, dem Ortsfremden Auskunft zu geben und so fort; dadurch (durch diese kleinen Aufhalter im Sinne des Mini-Kat-Echon) kommen die Menschen – und das ist richtig so –, durch Pensen aufgehalten, ständig zu spät zum Rendezvous mit dem absoluten Nein. Das ist – ganz unsensationell – der normale Sinn, den unsere Gewohnheiten und Verrichtungen unserem Leben geben: dieser kleine Sinn reicht aus, um ein Leben zu führen, und die großen Sonntagsgefühle – die Ekstase, die Hochgestimmtheit und Erfüllungsverzückung – sind allenfalls *dona superaddita*: man nehme sie dankbar in Kauf, wenn sie nicht allzu sehr stören, aber es geht auch ohne sie. Man lebt, um anderen das Leben nicht zu erschweren: das ist, scheint mir, die Lehre, die Guillaumet[18] uns gibt, der – mit seinem Flugzeug abgestürzt in schnee-eisiger Wildnis, in praktisch aussichtsloser Entfernung zu menschlichen Behausungen – nicht aufgibt, sondern sich auf den Weg macht, um einen Platz zu erreichen, wo seine Leiche schnell gefunden werden kann, was nötig ist, damit seine Frau die Lebensversicherung ohne die lange Vermisstenwartezeit erhält; dabei kommt er dann – mehr zufällig – doch noch lebend zurück. Ihm ging es nicht um den absoluten Sinn des Lebens, sondern um die Lebensversicherung für seine Frau; extrem gesagt: in dieser Situation war der Sinn seines Lebens die Lebensversicherung für seine Frau. Ich möchte folgern: Die Antwort auf die Frage von Camus, »ob das Leben lohne«,

18 Antoine de Saint-Exupéry, *Terre des hommes*, Paris 1939; dt.: *Wind, Sand und Sterne*, übers. von Henrik Becker, Düsseldorf, Neuaufl. 1979, Kap. 2,2.

also die Antwort auf die Lebenssinnfrage, hängt mehr an den nächsten Dingen als an den letzten. (Religiös könnte man sagen: Gott hat sie subsidiär geregelt.) Bei Camus ist – für Sisyphus – dieses nächste Ding sein Stein: ohne Stein müsste er verzweifeln; mit Stein »darf man Sisyphus für einen glücklichen Menschen halten«, so Camus, obwohl dieser Stein nur ein Stein ist und obwohl er für Camus ein Stein des Anstoßes bleibt, ein Anlass zur Revolte. Hier möchte ich von Camus abweichen: unser Stein – unsere nächsten Dinge – sind das Ensemble unserer kleinen Lebenspflichten und Lebensgewohnheiten und als diese in der Regel kein Stein des Anstoßes, sondern ein Stein der Weisen: wir sind genau dann weise, wenn wir diese nächsten Dinge besorgen; denn für Menschen – für uns alle – wird die Sinnfrage in der Regel nicht grundsätzlich, nicht prinzipiell entschieden, sondern sie wird – indirekt und positiv – mitentschieden durch die Besorgung der nächsten Dinge; durch die Erledigung des Details. Hier kommt dann natürlich und unvermeidlicherweise die empörte Frage: Und wo bleibt da die Kritik? Die Antwort ist ganz einfach: Auch die Kritik ist die Erledigung eines Details.

c) Man muss – gerade auch gegenwärtig – ablassen vom *Unsinn der Perfektionismen.* Die direkte Sinnintention ist unter diesen Perfektionismen nur der extremste; es gibt auch noch andere Perfektionismen. Hegel – in seiner Sollenskritik – hat darauf aufmerksam gemacht, dass – ich formuliere es kurz und darum nicht ganz auf der Höhe Hegel'scher Subtilität – perfektionistische Sollforderungen als Seinsvermiesungen wirken. Die Forderung, nur das Vollkommene zu akzeptieren, führt zu Entmutigungen und zu Sinnlosigkeitsgefühlen: zur Leugnung des Guten im Unvollkommenen, zur Infernalisierung des Vorhandenen. Der Ausschließlichkeitsanspruch des Perfekten negativiert das Imperfekte: wo beispielsweise nur die – durch superpedantische Einhaltung absoluter Präzisionsstandards und durch superpedantische Erfüllung absoluter Konsenspflichten – perfekte Verständigung erlaubt ist, sind eben dadurch die vorhandenen Verständigungen – die Selbstverständlichkeiten, Üblichkeiten, pragmatischen Konventionen – als sinnlos gebrandmarkt und die erreichbaren Verständigungen eben dadurch eher verhindert. Wer nur mit stets perfekt gelingender Superkommunikation zufrieden ist und dabei mit jedermann in höchster Intensität dauerkommunizieren will und selbst noch vom Standbild auf dem nächsten Platz erwartet, dass es ihm um den Hals fällt, und sich ausgestoßen fühlt, wenn es das – wie bei Standbildern üblich – nicht tut, gehört – indem er sich im Namen der perfekten Kommunikation aus allen faktischen Kommunikationen exkommuniziert – zu den Genies der Verzweiflungserzeugung: zu den Sinnmasochisten. Ich plädiere gegen die Perfektion der Allsamkeitseintracht und Gruppenverzückung für die Bonität der einschlägig zweitbesten Möglichkeiten: des zaghaften Lächelns, der kleinen Geste, der transitorischen Konversation, der hilfreichen Routine. Wer nur jene perfekte Weltverbesserung zulässt, die – mit dem Prinzip ›alles oder nichts‹ – die absolut gute Welt, z. B. mit absolutem strukturellen Frieden, herbeiführt und vom Bestmöglichen und Nächstbesten nichts wissen will, infernalisiert das wirklich Mögliche und das Wirkliche; und da auch und gerade das Vorhandene nicht das *ens perfectissimum* ›alles‹ ist, gilt es dann als das *ens defectissimum* ›nichts‹; da es nicht das Paradies ist, gilt es als

Hölle (als ob es dazwischen nichts gäbe): als schlechthin sinnleer und jeremiadenpflichtig. So wirken die Perfektionismen – in Bezug aufs Vorhandene und Erreichbare – als Sinnvermiesungen: im Wesentlichen als Potenzsteigerungsmittel für Jammerpotenzen. Die vorhandene Wirklichkeit gilt als infernalisch, weil das Superbeste gefordert und seine Unterbietung diskriminiert wird. Aber diese Negativierung des Zulänglichen, diese Schlechtmachung jenes Guten, das auch noch im vorhandenen Unvollkommenen steckt, können wir uns nicht leisten: endliche Wesen haben nicht so viele Eisen im Feuer, dass sie auf irgendeines verzichten könnten. Ganz im Gegenteil: wir müssen das Sensorium behalten für die Bonität selbst noch des Imperfekten, merkfähig bleiben für »die Rose am Kreuz der Gegenwart«, und wir müssen also sehen: es gibt mehr Sinn in der vorhandenen Wirklichkeit, als die Perfektionismen – die uns die Sinnleere des Vorhandenen aufschwätzen wollen – zu erlauben meinen: nicht der Sinn fehlt, sondern – aufgrund wachsender Perfektionsansprüche – die Sinnerwartung ist zu hoch und die Frustrationstoleranz ist gesunken bei gleichzeitigem Superwachstum der Klagetechnik und der – u. a. durch ideologiekritisches Doping hochgekitzelten – Kunst, enttäuscht zu sein und aus Positivillusionen in Negativillusionen umzusteigen. Zur Diätetik der Sinnerwartung gehört demgegenüber die Dämpfung der Perfektionismen durch den Mut zur Unvollkommenheit.

d) Man muss – gerade auch gegenwärtig – ablassen vom *Unsinn der Bindung der Lebensbejahung an den absoluten Sinnbeweis.* Den absoluten Sinnbeweis – extrem die Antwort auf die Frage: wozu ist überhaupt etwas und nicht vielmehr nichts? (mit Einschluss der Theodizeefrage) – können wir nicht absolut führen: dafür ist unser Leben zu kurz, weil es befristet ist durch den Tod. Daraus folgt nicht die Verneinung des Lebens. Selbst wenn Silen recht hätte mit seinem Satz »das Beste ist es, nicht geboren zu sein«, hat doch Polgar noch mehr recht mit seinem Kommentar zu diesem Satz: »Das Beste ist es, nicht geboren zu sein: doch wem passiert das schon?« Wenn wir aber bereits leben, haben wir dem Leben – zwar nicht prinzipiell, aber faktisch und als Üblichkeit – durch Leben jeweils schon irgendwie zugestimmt. Man müsste – *ex suppositione vivendi et ex suppositione moriendi* – die Abweichung von dieser Zustimmungspraxis begründen: die Beweislast liegt beim Nein. Nun gilt aber für das absolute Nein, was für den absoluten Sinnlosigkeitsbeweis gilt: wir haben – *vita brevis* – nicht die Lebenszeit, ihn absolut zu führen. Daraus möchte ich folgern: Es ist unser Leben – in einer sehr unprinzipiellen, bescheidenen, kontingenten, unsensationellen Weise – sinnvoll: es hat nämlich Sinn – es lohnt – zwar nicht, weil es erwiesenerweise sinnvoll ist, aber es hat Sinn – es lohnt –, weil es nicht erwiesenerweise sinnlos ist: *in dubio pro vita*. Das ist so, weil unser Tod schnell ist: eben darum hat er stets hervorragende Chancen, auf der Rennstrecke, die unser Leben ist, den Wettlauf mit der prinzipiellen Verzweiflung zu gewinnen. Was darüber hinaus – etwa durch Rekurs auf Religiöses – zum Sinn des Lebens zu sagen sein könnte: das zu sagen ist (meine ich) nicht Sache des Philosophen, jedenfalls nicht des Skeptikers, der dazu keine Vollmacht hat.

Damit beende ich diese Überlegung zur Diätetik der Sinnerwartung, deren Grundthese war: zur großen Sinnverlustklage kommt es vor allem durch übermäßigen Sinnanspruch. Das primäre Problem ist nicht, dass der Sinn fehlt, sondern dass zu viel Sinn erwartet wird. Darum muss diese Sinnerwartung reduziert werden durch diätetische Fürsprache für jenen unsensationellen Sinn, der übrigbleibt, wenn man dem Unsinn der direkten Sinnintention widersteht und von jenem vierfachen Unsinn ablässt, von dem ich im letzten Abschnitt gesprochen hatte: vom Sinnfragenverbot, von der Verachtung der kleinen Sinnantworten, von den Perfektionismen, von der Bindung der Lebensbejahung an den absoluten Sinnbeweis. Somit kann ich meine Überlegung ganz kurz zusammenfassen durch ungefähr jenen Satz, mit dem ich begonnen hatte: Der Sinn – dies steht nun halbwegs fest – ist stets der Unsinn, den man lässt.

Plädoyer für die Einsamkeitsfähigkeit

»Es ist nicht gut, dass der Mensch allein sei«: das steht in der Bibel, Genesis 2.18, und es ist Gott selber, der das dort sagt: Alleinsein und Einsamkeit haben miteinander zu tun: »wer sich der Einsamkeit ergibt, ach! der ist bald allein«, singt der Harfner in Goethes *Wilhelm Meister*; und wer allein ist, wird häufig einsam sein, vielleicht unvermeidlicherweise:

»Leben ist Einsamsein. Kein Mensch kennt den andern, jeder ist allein«: das schrieb Hermann Hesse. Ich zitiere gleich noch einmal: »So bin ich denn nun allein auf Erden, ohne Bruder, ohne Nächsten, ohne Freund, meiner eigenen Gesellschaft überlassen. Der geselligste und liebevollste Sterbliche ist mit allgemeiner Übereinstimmung seiner Mitmenschen aus ihrer Gesellschaft verbannt worden. [...] Wider ihren Willen hätte ich die Menschen geliebt, und nur, indem sie aufhörten, Menschen zu sein, konnten sie meine Anhänglichkeit zerstören. Sie sind mir also fremd, unbekannt, endlich nichts geworden, weil sie es so haben wollten. Aber ich, losgelöst von ihnen und von allem, was bin ich selbst? [...] Ja, ohne Zweifel habe ich, ohne es gewahr geworden zu sein, einen Sprung vom Wachen zum Schlaf oder vielmehr vom Leben zum Tode gemacht«: den Sprung in die Einsamkeit. So beginnt Jean-Jacques Rousseaus letztes Werk: die *Rêveries du promeneur solitaire*, die *Träumereien eines einsamen Spaziergängers.* Sie formulieren eine der klassischen Initialklagen über die moderne Einsamkeitslage des Menschen. Schon im Titel signalisiert nicht nur die Rede vom »einsamen« Spaziergänger Einsamkeit, auch das Wort »Träumereien« tut es: denn – einem traditionell geläufigen Unterscheidungskriterium zufolge –

nur wenn wir wachen, haben wir eine gemeinsame Welt, wenn wir aber träumen, hat jeder allein seine eigene. Dementsprechend hat Rousseau – der zum Schluss seines Lebens isoliert gelebt hat auch im Wortsinne: angstgeplagt auf einer Insel – diese Schrift nur noch für sich selber geschrieben und an Veröffentlichung nicht mehr gedacht; erst postum ist sie – zuerst 1782, also vor genau 200 Jahren – erschienen. In diesen 200 Jahren seither hat die Einsamkeitsklage nicht an Aktualität verloren; ganz im Gegenteil: die Einsamkeit ist – scheint es – zunehmend zum Zeitleiden geworden, zur großen Last und Qual, die in wachsendem Maße um sich greift. Sie gehört – scheint es – in der modernen und gegenwärtigen Welt zu den repräsentativsten Lebensübeln: Wir leben im Zeitalter der Einsamkeit.

Ich möchte nun – im Blick auf diese zunehmend beklagte Qualenquelle Einsamkeit – hier in meinen Betrachtungen eine These vertreten, erläutern und versuchsweise plausibel machen, die diese Einschätzung der Einsamkeit ergänzt und dadurch modifiziert, nämlich die folgende These: Was uns modern plagt, quält und malträtiert, ist nicht nur – und schon gar nicht primär – die Einsamkeit, sondern vor allem der Verlust der Einsamkeitsfähigkeit: die Schwächung der Kraft zum Alleinsein, der Schwund des Vermögens, Vereinzelung zu ertragen, das Siechtum der Lebenskunst, Einsamkeit positiv zu erfahren. Das – meine ich – ist in Dingen Einsamkeit die eigentliche Malaise unserer Zeit: nicht die Einsamkeit selber, sondern die mangelnde Einsamkeitsfähigkeit. Ich stelle darüber hier vier Betrachtungen an, die ich folgendermaßen überschreibe: 1. Moderne Einsamkeit; 2. Symptomatische Gegengeselligkeiten; 3. Einsamkeitsbedarf; 4. Kultur der Einsamkeitsfähigkeit.

1. Moderne Einsamkeit

Durch meine These will ich gerade nicht in Zweifel ziehen, dass die Einsamkeit wirklich zu den repräsentativsten Lagen just der Jetztwelt gehört: Wir leben – ich wiederhole und unterstreiche es – im Zeitalter der Einsamkeit. Dass das so ist: dafür gibt es mehrere Ursachen.

Zunächst führt modern gerade die Vermassung zur Vereinsamung, ganz elementar: Es gibt immer mehr Menschen auf immer engerem Raum. Physisch also rücken die Menschen immer näher zusammen; psychisch aber rücken sie immer weiter auseinander: das eine bedingt das andere. Man kann sich das folgendermaßen klarmachen: Ein Nachbar ist ein Freund; fünf Nachbarn sind gute Bekannte; zehn Nachbarn sind eine Hilfsgemeinschaft; fünfzig Nachbarn beunruhigen; hundert Nachbarn überfordern; tausend Nachbarn sind schier unerträglich: nur durch den Notwehrakt wohltrainierter Gleichgültigkeit bleiben sie aushaltbar; nur wenn man sie nicht mehr zur Kenntnis nimmt, kann man mit ihnen leben. So wird das Dasein in der Masse anonym: inmitten unzähliger Menschen bleibt der Einzelne unbemerkt, allein, einsam. Darum kommt es – zum Beispiel – zum vielberedeten Hochhaussyndrom: den Nachbarn kennt man nicht mehr; wie er lebt, wird uninteressant; ob er lebt, ist dann egal; so kann das passieren, worüber zuweilen die Gazetten berichten: ein Gestorbener liegt wochenlang unentdeckt in seiner Wohnung. Mit steigender Zahl der Mitmenschen sinkt die personale Dichte und Intensität der Kommunikation: dadurch entsteht Einsamkeit. Hinzu kommt die modern wachsende Mobilität, die den Zusammenhalt von Familien, Nachbarschaften,

Freundschaftsgeflechten räumlich zerreißt: Die mobilitätsschwachen Mitglieder – insbesondere die Alten – verlieren den Kontakt und vereinsamen. So ergeht es den Menschen in der modernen Massengesellschaft, in der das Großstadtleben das Normale wird, weil inzwischen selbst die Landgebiete zur Quasigroßstadt werden. Helmut Schelskys *Lob der Großstadt* – »daß im Leben des Großstädters die Arbeit immer sachlicher, die Freizeit immer privater geworden ist« – stimmt zwar: die Anonymisierung der Arbeitswelt entlastet zu hoher Individualität der Lebens- und Sinnwelt; aber mit deren größerer Gestaltungsfreiheit wächst auch das Risiko der Nichtgestaltung, die zur Einsamkeit führt.

In seinem soziologischen Bestseller *Die einsame Masse* hat vor mehr als dreißig Jahren David Riesman noch eine weitere zentrale Vereinsamungsursache betont: Modern – in der nicht mehr »traditionsgeleiteten« Welt – erfolgte in unserem Jahrhundert die Ablösung des »innengeleiteten« durch den »außengeleiteten« Menschen mit seiner Tendenz, stets möglichst genau so zu sein wie die anderen. Nur noch Gleichheit macht fortan gesellschaftsfähig, Ungleichheit schließt aus der Gesellschaft aus. Aber da die Menschen nie nur gleich, sondern stets auch ungleich sind, wird so – je mehr gesellschaftlich nur noch die Gleichheit zählt – jeder zum immer größeren Teile gesellschaftsunfähig, also einsam: beim »außengeleiteten« Menschen gehört zur manifest wachsenden Gleichheit die latent wachsende Einsamkeit. Man kann das radikalisieren und dieses moderne Einsamkeitswachstum verstehen aus jener Verwandlung der Nicht-Einsamkeit – der Vielsamkeit, die entweder Mehrsamkeit oder Allsamkeit ist: entweder ein Wir, zu dem nicht alle Menschen gehören (wie z. B. eine Familie), oder ein Wir, zu dem alle Menschen gehören (wie z. B. das »System der Bedürfnisse« als industrielle Produktions-, Distributions- und Konsumgesellschaft) –, die die moderne Welt prägt: sie ist – als das Zeitalter der Universalisierungen – jene Welt, die zunehmend Mehrsamkeiten durch Allsamkeiten ablöst. In den Allsamkeiten aber wird – im Unterschied zu den Mehrsamkeiten, bei denen das gerade nicht geht – jeder Mensch durch jeden Menschen ersetzbar: seine Einmaligkeit wird bedeutungslos, überflüssig, ausrangiert. Die Menschen können ihre Einmaligkeit dann nur noch als Einsamkeit erfahren. Darum produziert die moderne Emanzipation aus den Mehrsamkeiten in die Allsamkeit zwangsläufig Einsamkeit, und es kommt zu jenem Befund, den ich hier zunächst noch einmal unterstreichen wollte: Wir leben – modern und gegenwärtig – im Zeitalter der Einsamkeit.

2. Symptomatische Gegengeselligkeiten

All das wird auch indirekt sichtbar: durch Anti-Einsamkeits-Aktivitäten, die freilich die Einsamkeit, statt sie zu überwinden, vielmehr bestätigen und verstärken. Es handelt sich dabei um symptomatische Gegengeselligkeiten: um suchthafte Anti-Einsamkeits-Kommunikationen. Ich weise hier – *pars pro toto* – nur auf zwei einschlägige Phänomene hin.

Das eine Phänomen ist die Exotisierung der Mitmenschlichkeitsvollzüge: ihre Verlagerung ins Ferne. Die moderne Einsamkeit – die als Kommunikationsnot und Kommunikationstod im Nahbereich beschrieben werden kann –

zwingt dazu, als Ersatz Kommunikationen mit dem Fernbereich überemphatisch zu aktivieren. Menschlich ist man dann nur noch zu jenen, die ganz weit weg sind: zeitlich, räumlich oder durch sonstigen Abstand. Man liebt – weil man zu den nächsten Menschen im engsten Lebensumkreis nicht mehr zukann – nur die fernsten Menschen: die heile Menschheit der Zukunft, die Menschen fernster Länder (mit Vorliebe für fernöstliche oder lateinamerikanische Revoltiermenschen, weil sie zugleich als siegreiche Zukunftsmenschen gelten) und die Übermenschen, zu denen man in großgehaltenem Bewunderungsabstand lebt: die Idole in Politik, Sport, Kultur und Subkultur. Der Ausfall des Nahen wird ersetzt durch das Ferne: auch Dialoge gelingen nur noch durch den Fernsprecher; selbst das Sehen wird ersetzt durch das Fernsehen. Was – beispielsweise – Berliner Berlinern an Mitmenschlichkeit schuldig bleiben, erstatten sie dann denen, die weit weg von Berlin sind: den Fernauslösern für fernselige Gemeinschaftserlebnisse. An die Stelle der Nächstenliebe tritt die Fernstenliebe: die blockierte Nahsolidarität wird kompensiert durch emphatische Fernsolidaritäten. Gerade dadurch aber – das ist die Kehr- und Kostenseite dieses Vorgangs – wird man erst recht blind und unempfindlich fürs Nächste: dieser Verlust des Nächsten durch Flucht ins Fernste verstärkt gerade das, dem man entkommen wollte: die Einsamkeit.

Das andere Phänomen ist die Konjunktur der Gruppe als Anti-Einsamkeits-Mittel: Man flieht – um der Einsamkeit zu entgehen – ins Kollektiv, das jetzt als Allesheiler propagiert wird. Fortan darf man – im Namen der Einsamkeitsbesiegung und weil man sonst »privatistisch« ist – nichts mehr allein machen: weder lesen noch schreiben, weder arbeiten noch wohnen, weder denken noch schlafen, weder reden noch schweigen, weder weinen noch glücklich sein; selbst allein sein darf man nicht mehr allein; alles muss gemeinsam veranstaltet werden: kein Heil außerhalb der Gruppe. Für einen Universitätsmenschen wird das gerade in der heutigen Massenuniversität auffällig: Die Studierenden – jeden duzen sie, keinen kennen sie – fliehen vor den Einsamkeiten des universitären Massenbetriebs suchthaft in Gruppen: in die Fahrgemeinschaft, die Wohngemeinschaft, die Denk- und Diskutiergemeinschaft, die Arbeitsgemeinschaft, die Fühlgemeinschaft, in die Gruppe um der Gruppe – also der Nicht-Einsamkeit – willen. Zu den einschlägigen Faszinosa gehört die Gruppenarbeit: sie wird – sonst durchaus unproduktiv – zur heiligen Kuh als Anti-Einsamkeits-Symbol, das für den Gruppenbedarf trainiert, den übrigens am besten – in der Hamlet-Analyse seiner »Lehrjahre« durch Hinweis auf Rosenkranz und Güldenstern – Goethe beschrieben hat:

»Das, was diese beiden Menschen sind und tun, kann nicht durch einen vorgestellt werden. In solchen Kleinigkeiten zeigt sich Shakespeares Größe. Dieses leise Auftreten, dieses Schmiegen und Biegen, dieses Jasagen, Streicheln und Schmeicheln, diese Behendigkeit, dieses Schwänzeln, diese Allheit und Leerheit, diese rechtliche Schurkerei, wie kann sie durch einen Menschen ausgedrückt werden? Es sollte ihrer wenigstens ein Dutzend sein, wenn man sie haben könnte; denn sie sind bloß in Gesellschaft etwas, sie sind die Gesellschaft«: Der Gruppenberuf sind der Hofschranze und seine Nachfolgeprofessionen. Die Gruppenarbeit ist – stellvertretend für manch anderen Gruppenenthusiasmus: etwa der für jene Selbsthilfegruppen, die man nur durch Selbsthilfe übersteht – gut gemeint, aber nicht gut die Gruppensucht – Indiz ist die extreme Gefährdung derer, die durch die Gruppe abgehängt werden –, sie macht die Einsamkeit, statt sie zu besiegen, nur noch schlimmer: sie zerstört die Einsamkeitsfähigkeit.

Das moderne Zeitalter der Einsamkeit ist also zugleich das Zeitalter der symptomatischen Gegengeselligkeiten: das der kommunikativen Fernemphasen und der Gruppensucht, die beide – indem sie die Einsamkeitsfähigkeit nachhaltig ruinieren – erst recht wehrlos machen gegen das, was sie überwinden sollen, in Wirklichkeit aber indirekt ermächtigen: die Einsamkeit.

3. Einsamkeitsbedarf

So komme ich auf meine These zurück: Was uns modern plagt, quält und malträtiert, ist nicht nur – und keineswegs primär – die Einsamkeit, sondern vor allem der Verlust der Einsamkeitsfähigkeit: die Schwächung der Kraft zum Alleinsein, der Schwund des Vermögens, Vereinzelung zu ertragen, das Siechtum der Lebenskunst, Einsamkeit positiv zu erfahren. Diese Malaise ist modern, aber sie ist keineswegs selbstverständlich: denn positive Erfahrung der Einsamkeit ist möglich.

Schon was – in der mittelalterlichen Mystik: etwa bei Meister Eckhart – zur Erfindung des Wortes ›Einsamkeit‹ führte, war eine Positiverfahrung. Zunächst (wenn ich es richtig sehe) war dort »Einsamkeit« überhaupt kein Wort für das Solitäre und Isolierte, sondern die deutsche Übersetzung von *unio* im Sinne der *unio mystica*, der mystischen Vereinigung des Menschen mit Gott: ihre Ein-samkeit war ihr Eins-sein als intensivste Form ihrer Kommunikation. Hätte sich dieser Wortsinn – Einsamkeit ist Vereinigung – erhalten und säkularisiert, könnte man heute – statt von der »Einsamkeit des Langstreckenläufers« – von der Einsamkeit der Ehegatten sprechen und das meinen, was die Bibel zum Ausdruck bringt durch die Formel, beide seien »ein Fleisch«: die intensivste Form ihrer Kommunikation. Freilich: dieser Wortsinn – obwohl er im Pietismus des 18. Jahrhunderts nachklang – ist verlorengegangen. ›Einsamkeit‹ wurde schnell zur Bezeichnung jener »Abgeschiedenheit« von den Anderen, die zum mystischen Gotteserlebnis gehört. Wo späterhin Gott aus dem Spiel geriet, war der Mensch dann nur noch abgeschieden, nur noch allein mit sich selber: eben im heutigen Wortsinne »einsam«. Aber auch und gerade diese ›bloße‹ Einsamkeit kann positiv erfahren und darum gesucht werden: Es gibt positiven Einsamkeitsbedarf. Ich weise hin auf drei einschlägige Einsamkeitsformen, die mir naheliegen durch meine Eigenschaft als Skeptiker, Universitätswissenschaftler und einsamkeitsbedürftiges Lebewesen.

Einsamkeit suchen – und mögen – die Skeptiker. Repräsentativ ist etwa – er lebte frühmodern: sozusagen zwischen Pyrrhon und mir – Montaigne, der sich (nach intensiver öffentlicher Wirksamkeit) zurückzog in die *solitude*, die Einsamkeit. Um zu lesen, zu schreiben und zu erfahren, ohne je abschließend Bescheid zu wissen, retirierte er in »die dritte Etage eines Turms«: Die Skeptiker – anders als die Generäle des absoluten Wissens und Tuns – stehen nicht »spekulativ« auf dem Turm, sondern sitzen im Turm, hilfsweise – seit es mehr Reihenhäuser als Türme gibt – in einem Arbeitszimmer im Souterrain. Mit Bedacht setzen sie sich zwischen die Stühle der herrschenden Lehren. Denn Skepsis ist der Sinn für Gewaltenteilung: für die Teilung selbst noch jener Gewalten, die die Überzeugungen sind. Der Skeptiker schätzt und schürt den Zwist der herrschenden Lehren. Wenn diese sich zanken, freut er sich: denn gerade dadurch – teile und denke! – kommt er frei von ihnen und ihrem gewaltigen Scheuklappenaufwand. Er schließt sich ihnen nicht an, also schließt er sich aus und wird so – einsam – ein Einzelner. Diese Einsamkeit aber ist für den Skeptiker die Chance, auf eigene Rechnung – auf eigene Narrenkappe – zu merken und zu denken: Sie deckt – diesseits aller Selbstbestätigungsgeselligkeiten – den skeptischen Einsamkeitsbedarf.

Einsamkeit suchen – und brauchen – die Wissenschaftler: ohne Einsamkeit ist Wissenschaft nicht möglich, auch wenn das heute verpönt ist. Durch Einsamkeit wird aus der Wissenschaft keine privatistische Sinekure, sondern das, was die Wissenschaft institutionell sein muss: die Isolierstation für das erkenntismäßig Brisante. Wissenschaft ist: alles denken wollen. Man muss ohne Rücksicht auf Folgen denken dürfen, sonst kann man nicht alles denken. Dafür braucht es einen Ort, an dem die Denkfolgen gut entsorgt sind. Der Wissenschaftler muss sozusagen Sandsäcke zwischen sich und der übrigen Welt haben: für den Fall, dass sein Denken explodiert, damit dann kein anderer zu Schaden kommt. Dafür ist Einsamkeit nötig, jener Elfenbeinturm, dessen Elfenbein ist: der Berstschutz für Gedanken. Darum verlangte Wilhelm von Humboldt für die Wissenschaft an der Universität »Einsamkeit und Freiheit«: Denkfreiheit, die durch Einsamkeit entsorgt ist. Wo man heute –

in der Gruppenuniversität – Wissenschaftsfreiheit ohne Einsamkeit will, macht dieser Einsamkeitsbedarf sich trotzdem geltend. Nicht zufällig sind seither die Professoren zu einer Gilde von Reisenden geworden: sie reisen unentwegt zu fernen Kongressorten. Aber wichtig bei ihren Reisen ist nicht das Ankommen – weder das am Kongressort noch das am Berufsort –, sondern das Wegsein von beiden: die Reise dazwischen, die in der Regel eine einsame Reise ist, bei der man noch denken kann. So rettet – wo die Universität ihn nicht mehr deckt – der heutige Wissenschaftstourismus – diesseits der Wissenschaftsverwaltungsgeselligkeit – den wissenschaftlichen Einsamkeitsbedarf.

Einsamkeit suchen – und entbehren – die Menschen, die nicht zurechtkommen mit jenem Tribunal, das in der heutigen Verpflichtung zur totalen Geselligkeit steckt, weil jeder sogleich als verworfen gilt, der da nicht mitmacht. Es gibt passionierte Quartalakteure: Quartalsportler, Quartalsäufer oder Quartalleser. Ich für meinen Teil gehöre zu den Quartalwanderern, die anfallsweise durch Wälder und Straßen streifen. Landschaftssehnsucht und Pflasternostalgie – auf den ersten Blick krasse Gegensätze – sind vielfach beschrieben worden: etwa bei Carl Gustav Carus als »jenes erst in unserer Zeit hervorgetretene Bestreben, sich zeitweise wie zu einer Art Naturadoration hinauszustürzen in Wälder und Berge, in Täler und Felsen«; etwa bei Siegfried Kracauer als »Straßenrausch, der mich in Paris immer ergreift. Damals [...] verbrachte ich [...] Wochen allein in Paris und lief jeden Tag mehrere Stunden durch die Quartiere. Es war eine Besessenheit, der ich nicht zu widerstehen vermochte.« Mir jedoch kommt es hier auf jene Streunsucht an, für die die unberührte Landschaft und die belebten Großstadtstraßen gerade austauschbar werden. Beide bieten – als Entlastung von den modernen Rechtfertigungszumutungen der totalen Geselligkeitspflicht – dem Einzelnen die Chance, unauffindbar und dadurch unbelangbar zu werden: bei beiden taucht er ein in rettende Einsamkeiten. Als moderne Versionen der Tarnkappe decken beide – gegen die Tribunalsucht moderner Geselligkeiten – menschlichen Einsamkeitsbedarf.

Das sind nur einige Beispiele; aber sie zeigen: Es gibt nicht nur die Last, es gibt auch die Lust der Einsamkeit.

4. Kultur der Einsamkeitsfähigkeit

Entscheidend ist die Frage, ob und wie sich Einsamkeitslast in Einsamkeitslust umarbeiten lässt: also die Frage nach einer Kultur der Einsamkeitsfähigkeit.

Denn es stimmt nicht, dass die Menschen die Einsamkeit bleibenlassen könnten. Selbst wenn die bisher geschilderten Formen der Einsamkeit vermeidlich wären: niemals doch wären sie sofort vermeidlich; auch um sie vorübergehend zu bestehen, brauchte man Einsamkeitsfähigkeit. Und es gibt – unbezweifelbarerweise – für alle Menschen die unvermeidliche Einsamkeit. Es gibt sie, weil wir sterben. Wenn wir abtreten, lassen wir unsere Mitwelt allein, die dabei ihrerseits uns allein lassen muss: wir sterben als allein gelassene Alleinlasser. Und weil wir – durch Geburt zum Tode verurteilt und dies wissend – unser Leben lang »zum Tode« sind, durchzieht diese elementare Einsamkeit lebenslang unser Leben. Dieses Leben ist kurz: darum haben wir niemals die Zeit zu beliebiger Nicht-Einsamkeit; wie unser Sterben kann unser Leben – mit seinen Lebensentscheidungen – »niemand uns abnehmen«: wir haben keine Zeit, stets alle oder auch nur viele bei ihm mitreden zu lassen. Diese sterblichkeitsbedingte Einsamkeit – zumindest sie – verlangt Einsamkeitsfähigkeit. Von dieser Einsamkeitskompetenz lebt auch unsere Kommunikationskompetenz. Wer – einsamkeitsunfähig – mit all seinen Lebensfragen alle erreichbaren Mitmenschen dauernd behelligt, kommuniziert nicht, sondern wird als krankhafter Fürsorgefall unerträglich. Freilich: gerade diese Art von Unselbständigkeit ernennen heute einige Kommunikationskompetenzler zum Kommunikationsideal. Sie berufen sich auf den Satz: Mündigkeit ist Kommunikationsfähigkeit. Aber dieser Satz sagt nur die halbe Wahrheit, denn mindestens ebenso sehr gilt: Mündigkeit ist Einsamkeitsfähigkeit.

Darum wiederhole ich: Was uns modern vor allem plagt, quält und malträtiert, ist nicht die Einsamkeit, sondern der Verlust der Einsamkeitsfähigkeit: die Schwächung der Kraft zum Alleinsein, der Schwund des Vermögens, Vereinzelung zu ertragen, das Siechtum der Lebenskunst, Einsamkeit positiv zu erfahren. Die eigentliche Malaise unserer Zeit ist nicht die Einsamkeit selber, sondern der Mangel an Einsamkeitsfähigkeit. Entscheidend wichtig ist darum die Kultur der Einsamkeitsfähigkeit. Worin besteht sie? Darauf zu antworten ist schwer. Ich weise hier – ohne Vollständigkeitsabsichten – auf drei Momente hin, die mir für die Kultur der Einsamkeitsfähigkeit wichtig scheinen: Humor, Bildung, Religion.

Zur Kultur der Einsamkeitsfähigkeit gehört – zum Beispiel – Humor. Durch diesen Leichtsinn, der aus Schwermut kommt, kann man »trotzdem« leben, nämlich in bekömmlicher Distanz zu sich selber: also auch in Distanz zur eigenen Einsamkeit, etwa durch Vermeidung von Übererwartungen. Wer nur mit stets gelingender Superkommunikation zufrieden ist, verurteilt sich selber zur Einsamkeit; wer sogar vom Standbild auf dem nächsten Platz erwartet, dass es ihm um den Hals fällt, und sich einsam fühlt, wenn es das – wie bei Standbildern üblich – nicht tut, gehört zu den Genies der Verzweiflungserzeugung. Er würde für sich und seine Mitwelt umgänglicher, wenn er – mit lächelnder Distanz zu sich selber – seine unmäßigen Kommunikationsansprüche reduziert. Je weniger Kommunikation jemand braucht, umso mehr Kommunikation gelingt ihm; je einsamer einer sein kann, desto weniger ist er es.

Zur Kultur der Einsamkeitsfähigkeit gehört – zum Beispiel – Bildung: keine Alles- und Besserwisserei, sondern die Ausdehnung des Aktionsradius der Merk- und Genussfähigkeit dadurch, dass man nicht auf unmittelbare Präsenzen angewiesen bleibt, sondern mit den Medien der Vergegenwärtigung und Wiedervergegenwärtigung umzugehen weiß: mit Büchern, Bildern, Tonfolgen durch das Bündnis von Phantasie und Erinnerung. Bildung ist: diese zusätzlichen Zuwendungen trainiert zu haben, die gerade Einsamkeit kompensieren können als die Lebenskunst, auch allein nicht allein zu sein. Bildung – das ist eine ihrer Zentraldefinitionen –, Bildung ist die Sicherung der Einsamkeitsfähigkeit.

Zur Kultur der Einsamkeitsfähigkeit gehört – auch und vielleicht unvermeidlicherweise – Religion: Gott ist – für den Religiösen – der, der noch da ist, wenn niemand mehr da ist. Der Nichtreligiöse glaubt, dass das nicht ausreicht: kommunikativ scheint ihm der profane Spatz in der Hand besser als die Taube auf dem Dach auch dann, wenn diese Taube den Heiligen Geist symbolisiert. Aber Menschen – sterblichkeitsbedingt einsame Lebewesen – sind seinsmäßig nicht so gestellt, dass sie es sich leisten könnten, auf solchen Trost leichtfertig zu verzichten: denn zweifellos gibt es Einsamkeitssituationen, in denen die Taube auf dem Dach – sozusagen – der einzige Spatz ist, den man noch in der Hand hat.

Zu dieser Ausgabe

Zeitalter der Weltfremdheit? Beitrag zur Analyse der Gegenwart. Vortrag, gehalten beim Kolloquium »Arbeitsgesellschaft. Wandel ihrer Strukturen« der Walter-Raymond-Stiftung am 12. März 1984 in München. Erstveröffentlichung: Arbeitsgesellschaft. Köln: Bachem, 1984. (Veröffentlichungen der Walter-Raymond-Stiftung. 23.) S. 11–28.

Zur Diätetik der Sinnerwartung. Philosophische Bemerkungen. Vortrag, gehalten im Studium Generale der Universität Mainz am 4. Juli 1983. Erstveröffentlichung: Gerd B. Achenbach (Hrsg.): Philosophische Praxis. Köln: Dinter, 1984. (Schriftenreihe zur Philosophischen Praxis. 1.) S. 145–160.

Plädoyer für die Einsamkeitsfähigkeit. Vortrag, gehalten am 12. Januar 1983 im Sender Freies Berlin. Erstveröffentlichung: Rudolf Walter (Hrsg.): Von der Kraft der sieben Einsamkeiten. Freiburg i. Br.: Herder, 1983. S. 127–142.

Maßhalten

Überraschend aktuell

Von Franz Josef Wetz

So seltsam es klingt: Bibliotheken sind wie Friedhöfe. Alle dort aufbewahrten Bücher bergen totes Wissen, das erst durch seine Leser zu neuem Leben erwacht. Leider geraten in der Kulturgeschichte viele Schriften in Vergessenheit, die es eigentlich verdienten, wiederentdeckt zu werden, weil sie, obwohl zu einer bestimmten Zeit entstanden, entweder klassisch zeitlos oder mit einem Mal erneut aktuell sind. Bis dahin treiben sie wie eine Flaschenpost auf dem Meer des Wissens, um eines Tages irgendwo an Land gespült und geöffnet zu werden. Bei den Texten dieser Sammlung handelt es sich um drei solcher Fundstücke, die eine erstaunliche, ja überraschende Aktualität besitzen.

Kritik und Krise

Alles wird gut

Marquard ist als Kritiker jeder Art von Geschichtsphilosophie bekannt. Er ist bereits gegenüber dem Kollektivsingular »Geschichte« argwöhnisch. Sein nüchterner Realitätssinn misstraut allen hochfliegenden Entwürfen. Alle geschichtlichen Glücks- und Heilsverheißungen seien nicht bloß überzogen, sondern vor allem gefährlich. Denn geschichtsphilosophische Reflexionen überspielen das konkrete Leben des Einzelnen, den sie als bloßes Mittel zur Herbeiführung utopischer Gesellschaftsziele benutzen; eine entsprechende Blutspur führt durch die Geschichte. Überdies vertagt die Geschichtsphilosophie das wahre Leben der Menschen auf eine dann heile Zukunft, die aber niemand jemals erleben wird. So verständlich Odo Marquards Kritik aller blutigen Revolutionen und diesseitigen Erlösungshoffnungen ist, in den letzten Jahren klangen seine Einwände gegen Utopien weitgehend überholt. Den großen Sinnerzählungen der Geschichtsphilosophie konnte ein Totenschein ausgestellt werden.

Inzwischen hat sich die Weltlage auf bedrückende Weise verändert: Zur Rechtfertigung des gesteigerten Machtanspruchs etwa Russlands beruft sich Wladimir Putin unter anderem auf dessen einstmalige Größe, der gleichsam eine metaphysische Würde verliehen wird, als ob bestimmte Territorien und Einflusszonen naturgemäß zum Wesen Russlands gehörten. Nun ist solch ein Geschichtsbild zwar weniger utopisch als vielmehr nostalgisch ausgerichtet, die Gepflogenheiten der utopischen Geschichtsphilosophien bleiben aber wirkmächtig. Sie wurden lediglich ausgehöhlt. Wie religiöse Rituale sterben politische Formen nicht gleich ab, wenn deren einstige Inhalte entweichen. Zu solch überlebten Formen gehören prunkvolle Aufmärsche und triumphale Militärparaden, die staatliche Kontrolle der öffentlichen Meinung und Medien, Pressezensur oder die Unterdrückung von Andersdenkenden.

Dem Kritiker der Geschichtsphilosophie Marquard wären solche Extreme zuwider, weil sie in blutige Sackgassen, zu politischem Terror und eschatologischen Säuberungen führen. Der Gewalteinsatz von den Jakobinern über die Bolschewiki und Roten Khmer bis zu den heutigen Islamisten und Machthabern Nordkoreas, Chinas und Russlands belegt diese Thesen auf drastische Weise. Solche politischen Irrwege, die ihre Legitimität zum Teil aus erst noch einzulösenden Zukunftsversprechen oder einer wiederherzustellenden Vergangenheit ableiten, überhöhen das Politische mit religiösen Attributen, das Religiöse mit politischen Aspirationen. Statt sich aber von der Magie solcher Extreme, die den Respekt vor dem Tod verloren haben, verführen zu lassen, gilt es nach Marquard durch das Bewusstsein der Endlichkeit alles Menschlichen zu Mitte und Maß zurückzufinden. Nur ein ausgeprägter Sinn für die Vergänglichkeit alles Menschlichen kann die tyrannische Vergewaltigung alltäglicher Lebensverhältnisse durch imperiale Großmannssucht verhindern.

Schon im 19. Jahrhundert führte der russische Schriftsteller Leo Tolstoi in seinem Roman *Woina i mir* (*Krieg und Frieden*) machthungrige Despoten, wie heute etwa Putin einer ist, als armselige Gestalten vor: Nachdem Andrei Bolkonski in der Schlacht bei Austerlitz von einem feindlichen Geschoss getroffen wird, sinkt er rücklings zu Boden und nimmt zum ersten Mal in seinem Leben den »erhabenen unendlichen Sternenhimmel« bewusst wahr. Schlagartig verändern sich seine Maßstäbe. Als kurz darauf Napoleon persönlich die Verwundeten auf dem Schlachtfeld und im Lazarett besucht, kommt Andrei sein einstmaliger »Held so unbedeutend winzig vor mit dieser kleinlichen Eitelkeit und Siegesfreude« im Vergleich mit dem unermesslichen gestirnten Himmel. »Während Fürst Andrei dem Kaiser Napoleon in die Augen sah, dachte er an die Nichtigkeit menschlicher Größe.«[1]

1 Leo Tolstoi, *Krieg und Frieden*, München 2011, Tl. 3, alle Zitate aus Abschn. 19.

Nun leben wir, so Marquard, aber nicht nur im Zeitalter der Aufbrüche zu fragwürdigen Zielen, sondern auch in einer Zeit gesellschaftlicher Umbrüche. Insbesondere hierzulande erfreuen sich Verfallstheorien und Untergangsprophezeiungen großer Beliebtheit. Katastrophenängste sind weit verbreitet. Alles wird immer schlimmer, heißt es. Weit davon, ein Wunschtraum zu sein, gleiche die Gegenwart einem Alptraum. Von allen Seiten stürzen Krisen auf unser Land ein. Der Klimawandel, der Ukrainekrieg, die gesteigerten Lebenshaltungs- und Energiekosten sowie die im Zuge der Corona-Pandemie entstandene Bewegung der Querdenker mit zahlreichen Verschwörungstheoretikern und Impfgegnern lassen auch diese These Marquards unerwartet aktuell erscheinen.

Ein genauerer Blick speziell auf die öffentlichen Debatten über Corona und das Impfen zeigt einen Schulterschluss von Gruppen, Vereinigungen und Bewegungen, die nie zuvor an einem Strang gezogen haben. Rechtspopulisten und Reichsbürger marschieren ohne Berührungsängste an der Seite von Esoterikern, Linksextremen und Alternativen. Diese heterogenen Gruppierungen verbindet einerseits ein starker Vorbehalt gegenüber wissenschaftlicher Aufklärung, andererseits ein großes Misstrauen gegenüber staatlichen Ordnungsmaßnahmen.

Marquard sieht im sprichwörtlichen Sinn fürs rechte Maß ein bewährtes Gegenmittel gegen solche Extreme. Mit Bezug auf Katastrophen- und Untergangsszenarien betont er allgemein, dass wir Menschen manchmal genau deshalb so misstrauisch gegen die bestehenden Verhältnisse sind, weil wir zu hohe Erwartungen an sie haben und übertrieben sensibel sind. Trotz ständiger Verbesserung der Lebensverhältnisse fühlen sich viele Bürger keineswegs glücklicher als Menschen vergangener Zeiten.

Entsprechend führen die heutigen Entlastungen medizinischer, technischer, ökonomischer und politischer Art *einerseits* zu einem überzogenen *Anspruchsdenken*: Obwohl wir nach wie vor in einer Welt von nie gekannter Freiheit, sozialer Absicherung und Bequemlichkeit leben, verlangen nicht wenige Menschen nach immer stärkeren Lebens- und Sinnangeboten – gemäß dem Grundsatz: Je besser es dem Einzelnen geht, umso mehr benötigt er, damit er sich auch wirklich besser fühlt! Dieses Phänomen kann mit Hilfe des sogenannten abnehmenden Grenznutzens erklärt werden: Ein Kind spielt mit seinem ersten Spielzeug mehrere Tage. Wäre dasselbe Spielzeug sein fünfzigstes gewesen, so hätte es vermutlich nur kurze Zeit hiermit gespielt. Damit das fünfzigste Spielzeug die gleich starke Wirkung wie das erste haben kann, muss es bedeutend größer ausfallen als dieses. Aus diesem Grund verlangen Menschen mit verhältnismäßig hohem Lebensstandard zuweilen ziemlich viel, nicht weil sie unverschämt wären, sondern weil sie andernfalls gar nicht spüren würden, dass sie etwas bekommen haben. Umgekehrt empfinden sie es allzu leicht gleich als Verlust fast all ihrer Annehmlichkeiten, wenn ihnen Einschränkungen auferlegt werden und sie Abstriche an ihrem bisherigen Lebensstil machen müssen.

In diesem Sinne führen die heutigen Entlastungen *andererseits* zur *Überempfindlichkeit* bezüglich der verbliebenen Missstände. Irgendetwas fehlt ja immer. Im Allgemeinen nehmen wir Mängel stärker als Erfüllungen unserer Wünsche wahr. Wer die Krankheit nicht kennt, spürt die Gesundheit kaum. Häufig wissen wir im Leben, was wir haben, erst nachdem wir es gehabt haben. Darum nimmt die Unzufriedenheit bei den Menschen nicht zwangsläufig ab, wenn sie unbeschwerter leben als frühere Generationen, weil sie sich zu schnell an ihren Wohlstand gewöhnen. Dafür entwickeln sie ein verfeinertes Gespür für das, was noch oder plötzlich fehlt, mag dieses auch im Vergleich mit einstigen Defiziten vernachlässigbar sein. Im Extremfall finden die Menschen den Sündenbock für die unausrottbaren Restprobleme sogar in dem, durch das es ihnen überhaupt erst gutgeht, wie Marquard betont, etwa in der parlamentarischen Demokratie, Europäischen Union, der Nato, Schulmedizin und eben auch in Maßnahmen gegen Corona.

Ein Beispiel

Konzentrieren wir uns auf Corona. Auf der einen Seite hat die Pandemie große Probleme in Krankenhäusern sowie Alten- und Krankenpflege, im Einzelhandel und Transportwesen, auch in der Digitalisierung der entsprechenden Bereiche deutlich werden lassen und den Bürgern etliche Einschränkungen aufgebürdet. Auf der anderen Seite verblassen hinter diesen und ähnlichen Problemen allzu leicht die sozial- und arbeitsmarktpolitischen Maßnahmen, die den Arbeitnehmern hierzulande helfen, im Durchschnitt besser durch die Pandemie kommen zu können als die Beschäftigten anderer Länder.

Die im Zusammenhang mit der Pandemie getroffenen Anordnungen wie Lockdown und Maskenpflicht werden von vielen Menschen als Einschränkung ihres Grundrechts auf Freiheit verurteilt. Genauer betrachtet dienen sie aber dem Grundrecht auf Freiheit. Dennoch wird diese Entlastung von Unfreiheit als unzumutbare Bedrohung der Freiheit empfunden. Es wurde das, wodurch es uns eigentlich bessergeht, zu dem stilisiert, wodurch es uns schlechtergeht.

Zur Entwirrung dieser komplexen Verflechtung muss hier streng zwischen Wunsch und Interesse unterschieden werden. So verspürt eine angetrunkene Person gelegentlich den *Wunsch*, noch Auto zu fahren. Deren Freunde nehmen ihr den Autoschlüssel ab. Der Angetrunkene fühlt sich bevormundet. Sein Grundrecht auf Freiheit werde verletzt, moniert der Betroffene. Am nächsten Tag ist er den Freunden dankbar, dass sie ihn am Autofahren hinderten. Sie handelten zwar nicht nach seinem Wunsch, aber in seinem *Interesse*. Denn sie handelten so, wie er selbst gehandelt hätte, wenn er nüchtern, und das heißt voll urteilsfähig, angemessen aufgeklärt und informiert gewesen wäre. Nach dieser Unterscheidung zielen Wünsche spontan, unüberlegt, affektbestimmt, fehlinformiert auf ein kurzfristiges Wohlbehagen. Dagegen erstreben Interessen ein mittel- und längerfristiges Wohlergehen auf der Grundlage sachlicher Überlegungen, rationaler Aufgeklärtheit und umfassender Wohlinformiertheit.

Eine an den Interessen der Bürger orientierte Politik ist weit davon entfernt, zu bevormunden, mögen die Grenzen zwischen vertretbarer Interessenpflege und entmündigendem Paternalismus auch strittig sein. In diesem Sinne sind etwa die Pflicht, einen Sicherheitsgurt beim Autofahren anzulegen, ähnlich wie die Verpflichtung, eine medizinische

Maske zu tragen, keine willkürlichen Fremdbestimmungen, die das Grundrecht des Einzelnen auf Freiheit gefährden. Im Gegenteil stimmen diese Einschränkungen mit seinem interessenbasierten Grundrecht auf Freiheit überein. Darüber hinaus dienen sie dem Eigeninteresse des Einzelnen auf körperliche Unversehrtheit als Voraussetzung für mehr eigene Freiheit. Hier wie dort macht sich der Gesetzgeber zum Anwalt der Interessen seiner teils schlecht informierten, verbohrten und leichtsinnigen Bürger. Zum Schutz der Freiheit gehört der Schutz der Bedingungen der Freiheit zur Gewährleistung der Freiheit!

Darum ist es im Zuge der Lockerung der Maßnahmen gegen Corona tendenziell falsch zu sagen, dass die Menschen nun wieder ihr Grundrecht auf Freiheit zurückbekommen. Es ist ihnen nie geraubt worden. Es kann unter den veränderten Bedingungen jetzt nur wieder so gelebt werden wie zuvor.

Marquard vermutet, dass hinter den Widerständen gegen solch vernünftige Staatsregulierungen ein überzogener »Negativierungsbedarf« steckt, der in der Natur des Menschen liegt. Ohne ein bestimmtes Maß an Kritikbereitschaft und Katastrophenangst könne der Mensch seine ursprünglichen Daseinsnöte nicht erfolgreich überwinden. Denn beides dient der Gefahrenabwehr und setzt die Vorsicht vor das Wagnis. Allerdings rechtfertigt die moderne Zivilisation mit ihren Entlastungen wirtschaftlicher, politischer und technischer Art seiner Auffassung nach nicht mehr solch hohe Kritikbereitschaft und Katastrophenangst. Dennoch existieren diese gleichsam naturwüchsigen Negativhaltungen wie überschüssige Energien in der entlasteten Welt weiter und werden nun leichtfertig auf diese selbst als vermeintliche Ursache aller verbliebenen Missstände bezogen. So kann es leicht zu dem Paradox kommen, dass ein der Gesundheit dienlicher Impfstoff als Mittel zur Volksvergiftung verunglimpft wird. Stellt man aber erst einmal fest, dass dieses oder jenes unberechtigt, schlimm, ja sinnlos ist, so ist es nur noch ein kleiner Schritt bis hin zum Generalverdacht, dass alles sinnlos ist. Auch hier scheint uns das rechte Maß abhandengekommen zu sein.

Rezeptur für eine erfolgreiche Sinndiät

Zeitlos aktuell sind Marquards Ausführungen zur Sinnfrage. In einem geglückten Leben versteht sich dessen Sinn von selbst. Die Frage nach dem Sinn des Lebens stellt sich einfach nicht. Erst wo der Lebenssinn brüchig wird, drängt sich die Frage auf: Was soll das alles hier? Aber kein Dasein rundet sich ohne weiteres zu einem sinnvollen Ganzen. Irgendetwas fehlt ja immer. Die Anpassung des Lebenslaufs an die Wünsche und Interessen des Einzelnen sowie an die jeweilige Umwelt bleibt eine lebenslange, ja lebenslängliche Aufgabe. Sie muss immer wieder neu geleistet werden.

Doch selbst ein weitgehend harmonisches Dasein stößt regelmäßig auf Schwierigkeiten. Auf diese Weise wird man gezwungen, an- und innezuhalten. Nicht selten entzündet sich die Sinnfrage an alltäglichen Hindernissen. Einfache Störungen des gewohnten Tagesablaufs können sie bereits hervorrufen. Erst recht unterbrechen Grenzsituationen wie Tod, Krankheit und Verlassenheit den normalen Lebensstrom. Sie drängen den Einzelnen aus seiner gewohnten Lebensordnung heraus. Solche Schockerfahrungen sprengen den Alltag und stellen das Dasein auf eine Bewährungsprobe. Sie lassen die vertraute Welt in einem neuen, oft kalten und fremden Licht erscheinen. Dem Fraglosen ist mit einem Male der Boden entzogen, das Reich unhinterfragter Routinen dabei, sich aufzulösen. Plötzlich scheint es nicht mehr möglich, unbefangen und gedankenlos dahinzuleben. Auf einmal wird man gezwungen, seine bisherigen Sinngebungen neu zu überdenken, unter Umständen überfällige Kurskorrekturen vorzunehmen.

Doch was heißt bei alledem Sinn? Der Ausdruck ist vieldeutig. Marquard arbeitet verschiedene Facetten des Begriffes heraus.

Einmal ist Sinn der Inhalt möglichen Verstehens, also die Bedeutung von Worten und Sätzen. In diesem Zusammenhang spricht man beispielsweise von Bild- und Schriftsinn.

Dann meint Sinn so viel wie Begabung und Gespür, auch ausgeprägtes Interesse für irgendetwas. So sagt man: Jemand hat Sinn für Kunst oder Mathematik.

Schließlich wird der Sinnbegriff auf die großen Warum-Fragen bezogen: Was ist der Sinn der schweren Krankheit? Was ist der Sinn des Lebens und des Todes? Was ist der Sinn der Welt? In diesem Kontext bedeutet Sinn höchster Wert und letzter Zweck.

Die wichtigste Bedeutung misst Marquard der vierten Facette bei: dem alltäglichen Sinn, über den wir gewöhnlich kein Wort zu verlieren brauchen, weil er sich von selbst versteht. Dieser Sinn trägt die Konturen des Selbstverständlichen. Hiermit ist das unbemerkt Vertraute unseres Alltags gemeint, das uns trägt und hält und auf diese Weise ebenso Behagen wie Geborgenheit stiftet. Der so verstandene Sinn ist die unauffällige Konstante alltäglichen Gelingens.

Jedoch verlangen wir Menschen häufig mehr: Wir wollen nicht bloß alltäglichen Sinn, sondern vor allem »sensationellen Sinn«. Auch auf diesem Gebiet entsteht leicht ein überzogenes Anspruchsdenken, so Marquard. Da der ersehnte große Sinn nicht selten ausbleibt, kommt es dann zu einer Klage über Sinnverlust, Sinnmangel oder Sinnleere: »Wie ist doch alles so sinnlos!«

Das Wort »sinnlos« ist dabei nicht gleichbedeutend mit »sinnfrei«. In dem Wort »sinnlos« steckt der unausgesprochene Vorwurf, dass uns ein Sinn vorenthalten wird, auf den wir eigentlich Anspruch zu haben glauben.

Aber haben wir diesen Anspruch überhaupt? Für Marquard besteht das Problem nicht darin, dass Sinn fehlt, sondern dass zu viel Sinn erwartet wird. Seiner Auffassung nach gibt es nicht zu wenig Sinnerfüllung, sondern zu viel Sinnverlangen. Die Folge hiervon ist eine schmerzhafte Sinnentbehrung, eine Sinnenttäuschung, und erst im Lichte dieser Enttäuschung erscheint das Leben als »sinnlos«: absurd, vergeblich, umsonst. Alle Enttäuschung ist unerfüllte Erwartung.

Sind nun aber die überschwänglichen Sinnansprüche erst einmal als überzogen durchschaut, so tritt auch schon eine realistische Lösung des Sinnproblems in Sicht. Marquard verordnet den starken Sinnsuchern eine Sinndiät. Sein Rezept lautet: Sinnfasten. Er rät dazu, unsere Sinnerwartungen zu mäßigen und zu senken. Denn nur der, der keinen »sensationellen Sinn« mehr erwartet, wird auch nicht mehr enttäuscht werden, wenn der Sinn sich nicht einstellen will. Und wer von dieser Enttäuschung verschont bleibt, der wird Leben und Welt zwangsläufig nicht mehr als nichtig, vergeblich, »sinnlos« erfahren. Allerdings geht es ganz ohne Sinn nicht.

In diesem Zusammenhang macht Marquard auf einen überaus wichtigen Punkt aufmerksam: Jede direkte Sinnsuche ist zum Scheitern verurteilt. Denn Sinn gibt es genauso wenig unmittelbar wie Obst, Gemüse und Wurst. Man kann nicht Gemüse direkt kaufen, sondern immer nur indirekt als konkrete Stücke bestimmter Gemüsesorten wie Broccoli, Spinat oder Blumenkohl. Ebenso gibt es Obst nicht als Obst, sondern immer bloß in Form bestimmter Obstsorten als dieser Apfel, diese Birne, diese Apfelsine. Ähnlich steht uns Wurst lediglich als die spezielle Fleisch-, Paprika- oder Leberwurst zur Verfügung.

Ganz ähnlich verhält es sich mit dem gesuchten Lebenssinn: Dieser ist wie Gemüse, Obst und Wurst ein Sammel- und Oberbegriff für etwas, das als solches nicht direkt existiert. Es gibt Sinn nur in Form etwa einer harmonischen Partnerschaft, gelebter Freundschaften, übergreifender Aufgaben, eines guten Buchs, ansprechender Musik, aufregender Sexabenteuer, Familie, Frieden, Freiheit. Es gibt viele Lebensanliegen und Lebensprojekte, die uns die Mühen und Anstrengungen unseres Daseins als lohnend erscheinen lassen – und sie begründen unseren Lebenssinn.

Es ist auffallend, dass Marquard stets für den gemäßigten Sinn wirbt, überzeugt davon: »die Antwort auf die Lebenssinnfrage hängt mehr an den nächsten [Dingen] als an den letzten«. Wie schon bei der oben dargelegten Kritik des Bestehenden empfiehlt er auch in der Sinnfrage, das rechte Maß einzuhalten und Mäßigung zu üben. Das Leben bestehe nicht aus lauter sich überbietenden Sensationen. Die beglückende Kraft des gewohnten Alltags liege in dessen ungeheuren Entlastungen, für die man sensibel bleiben möge.

Tatsächlich hat den meisten von uns das Leben ein Los

zugespielt, das schon Millionen andere traf. Dieses Los ist weder eine Niete noch ein Hauptgewinn. Auch wenn es nicht *das* große Los ist, so ist es häufig doch *ein* großes Los, ein kleines großes Los. Zu dessen Würdigung bedarf es aber realistischer Lebensziele und eines Selbstverständnisses, das sich mit den eigenen Begrenzungen und dem Unverfügbaren zu arrangieren vermag.

Marquard ist entsprechend ein leidenschaftlicher Befürworter der bürgerlichen Moderne, der in allen Lebensbereichen dem Äußersten, Überschwänglichen, Absoluten eine klare Absage erteilt. Er wirbt für eine pluralistische Kultur der Mitte, die alle Extreme und somit auch überzogene Sinnansprüche vermeidet. Stattdessen empfiehlt er, eine bescheidene Haltung einzunehmen, zu der auch die Fähigkeit gehört, nicht dauernd im Mittelpunkt stehen zu wollen, sondern sich auch mit einer randständigen Position begnügen zu können, kurz: Wichtig ist die Fähigkeit zur Einsamkeit.

Einsamkeit als Kompetenz

Allein und einsam

Zur Signatur der Gegenwart gehört über alles bisher Dargelegte hinaus eine wachsende Klage über Einsamkeit. Insbesondere Corona hat viele Menschen in tiefe Einsamkeit gestürzt: Abstandsregeln, Homeoffice, Online-Unterricht, Lockdown brachten viele äußerlich und innerlich auf Distanz zueinander. Auch wenn sich ihre Bindungen nicht einfach auflösten, so war doch für viele Menschen der gefühlte Mangel an Nähe nur schwer zu ertragen. Zusätzlich konstatieren zahlreiche Psychologen und Soziologen im Allgemeinen eine starke Zunahme von Einsamkeit in der heutigen Gesellschaft. An sich ist der Mensch ein geselliges Lebewesen, das unter seinesgleichen gut aufgehoben ist. Das Bedürfnis nach menschlicher Nähe ist normal. Darum sehen Psychologen in Einsamkeit auch tendenziell eine Krankheit, während Soziologen die Einsamkeit meist nur mit Bezug auf Außenseiter, Fremde und Stigmatisierte problematisieren.[2]

Marquard bestreitet nicht, dass sich Einsamkeit in der Gesellschaft ausbreitet. Wo eine größere Anzahl Menschen auf engem Raum zusammenlebe, hielten viele diese Nähe nur deshalb physisch aus, weil sie psychisch füreinander abwesend seien. Darüber hinaus führten die meisten in der Massengesellschaft gleichsam ein Leben von der Stange. Ihre von den gesellschaftlichen Moden zugeschnittene Lebensweise spiele sich in konfektionierten Rollen ab. In der anonymen Massengesellschaft ist der Mensch häufig nur eine Nummer, die Zahl einer Durchschnittsberechnung. Nun lässt Konformität aber nur wenig Spielraum für Individualität und Authentizität, die den Rahmen der uniformierten Massengesellschaft überschreiten und so jeden Einzelnen zu einem *einsamen* Original machen, so Marquard. Das trifft umso stärker zu, je ausgeprägter eine Persönlichkeit ist.

Offenbar können wir uns nicht nur fernab anderer Menschen einsam fühlen, sondern auch mitten unter ihnen – im Gedränge anonymer Großstädte, auf Feiern, in der Fa-

2 Vgl. Manfred Spitzer, *Einsamkeit*, München 2019; Norbert Elias / John L. Scotson, *Etablierte und Außenseiter*, Frankfurt a. M. 1993.

milie, selbst unter Freunden, ja sogar in der Partnerschaft. Keine Zweisamkeit ohne Einsamkeit! Es bedarf keineswegs erst der anonymen Massengesellschaft oder des Verlustes der eigenen Heimat, um zu vereinsamen (obwohl gerade Letzteres uns in diesem Jahrhundert der Vertreibung und Flucht in großem Maße begegnet).

Eine ganz spezielle Bedeutung kommt dem Gefühl metaphysischer Einsamkeit zu. Hierfür steht sinnbildlich die Golgatha-Frage Jesu am Kreuz: »Mein Gott, mein Gott, warum hast du mich verlassen?« Die Vereinsamung der Gottverlassenheit kennt auch Nietzsches Zarathustra, der findet: Ein Einsiedler, Mönch, Anachoret lebt zwar in äußerster Abgeschiedenheit, ist aber nicht wirklich einsam, weil er noch seinem Gott in Gebet, Gesang und Gespräch nahe sein kann.[3] Dagegen ist ein Gottesleugner ganz mit sich allein, wie Jean Paul meint.[4] Metaphysische Einsamkeit bedeutet, als heimatverlorener Fremder in einer fremden Welt ohne religiösen Beistand zurechtkommen zu müssen.

Facetten der Einsamkeit

Nach Lage der Dinge weist das Phänomen Einsamkeit vielfältige Facetten auf, von denen Marquard einige beleuchtet.

So ist zu unterscheiden zwischen äußerer und innerer Einsamkeit, also etwa zwischen dem Alleinsein im Hoch-

3 Friedrich Nietzsche, *Also sprach Zarathustra*, Stuttgart 1994 [u. ö.], Vorrede 2, S. 8 f.

4 Jean Paul, *Siebenkäs*, in: J. P., *Werke in drei Bänden*, Gütersloh 1976, S. 642–645.

gebirge und dem Gefühl, allein mit sich zu sein. Beide Formen der Einsamkeit können freiwillig gewählt oder aufgezwungen worden sein. So ziehen sich die einen aus eigenem Antrieb in die Berge zurück, während andere dorthin ins Exil verbannt werden. Entsprechend möchten die einen mit sich allein sein, wohingegen den anderen auferlegt wird, mit sich allein zu sein; sie werden von der Gemeinschaft ausgeschlossen – wie etwa der römische Dichter Ovid, der im Jahre 8 n. Chr. von Kaiser Augustus auf Lebenszeit in die griechische Kolonie Tomis am Schwarzen Meer verbannt wurde.

Die Ursachen zur äußeren und inneren Einsamkeit sind ebenfalls vielfältig. In diesem Zusammenhang kann zwischen äußeren und inneren Faktoren unterschieden werden. Zu den äußeren Ursachen gehört beispielsweise Mobbing, zu den inneren etwa die eigene Disposition. Im Gegensatz zum extrovertierten Menschen verspürt ein introvertiertes Gemüt eher einen Hang dazu, sich zurückzuziehen, um mit sich allein sein zu können. Damit tritt eine weitere wichtige Unterscheidung hervor: Mal wird die Einsamkeit als angenehm, dann wieder als schrecklich empfunden. Deshalb suchen sie die Menschen einmal bewusst auf, ein andermal versuchen sie, ihr zu entkommen.

Mit der äußeren Einsamkeit geht nicht notwendigerweise eine innere Einsamkeit einher. Man kann sich allein in einem Zimmer längere Zeit aufhalten, durch die Wälder streifen oder auf einem Fels grüblerisch verweilen, ohne sich deshalb einsam zu fühlen, weil man von den eigenen Gedanken, einem Buch oder der Natur ringsum vollständig beansprucht wird. Umgekehrt setzt innere Einsamkeit keineswegs äußere Einsamkeit voraus. Selbst im Gedränge einer belebten Straße oder inmitten einer lebhaften Abendgesellschaft kann man sich einsam fühlen, erst recht dann, wenn die Menschen, zu denen man gehört, die Erwartung, mit ihnen geistige und seelische Nähe zu teilen, enttäuschen. Mitunter genießt man aber auch seine Einsamkeit unter Menschen, weil man in sich ruht, mit sich in guter Gesellschaft ist, ein reiches Innenleben besitzt, das keiner starken Anregung von außen bedarf.

In diesem Zusammenhang wird seit Johann Georg Zimmermann gewöhnlich zwischen guter und schlechter Einsamkeit unterschieden (der Arzt und Philosoph verfasste im 18. Jahrhundert drei Werke über Einsamkeit, von denen das umfangreichste rund 1600 Seiten umfasst)[5]. Wie betont, kann sowohl die äußere als auch innere Einsamkeit gleichermaßen positiv wie negativ erfahren werden. Psychologen und Soziologen lenken ihr Augenmerk heute primär auf die negative Einsamkeit, die Vereinsamung. Dagegen konzentrieren sich Theologen und Philosophen eher auf die positive Einsamkeit. Sie sehen in Einsamkeit weniger eine Krankheit, die behandelt, oder eine Normabweichung, die korrigiert werden muss, als vielmehr eine Kompetenz und Chance. Marquard bewegt sich auf dieser Traditionslinie.

5 Vgl. Johann Georg Zimmermann, *Betrachtungen über die Einsamkeit*, Zürich 1756; *Von der Einsamkeit*, Leipzig 1773; *Über die Einsamkeit in vier Bänden*, Troppau 1785.

Marquard leugnet nicht die signifikante Zunahme der negativen Einsamkeit, der viele Menschen durch Flucht in Gruppen, Kollektive, in die Solidarität mit fernen Kulturen, Sportvereinen und Idolen zu entfliehen suchten. Inzwischen sind die Menschen vor allem in den sozialen Medien auf Ablenkung und Zerstreuung aus. Über Smartphone und Internet befinden sie sich in ständiger Interaktion, meiden fernab der alltäglichen Hektik Ruhe und Stille. Wie viele es schwer, ja manchmal sogar unerträglich finden, längere Zeit in den eigenen vier Wänden zu bleiben, hat auch Corona gezeigt. Es gehört zum Selbstverständnis der meisten heutigen Menschen, ein möglichst reiches soziales Leben zu führen; Einsamkeit bedeutet für viele das Gegenteil von Lebensfreude.

Im Gegensatz dazu setzt Marquard weniger auf die Fähigkeit zur Gemeinschaftsbildung. Ein mündiger Bürger sei nicht nur kommunikationsfähig, sondern auch einsamkeitsfähig. Wohlgemerkt wirbt Marquard damit nicht für einen Rückzug in die Einsamkeit, sondern nur dafür, dass der Einzelne einsam und allein zu sein vermag. Er sieht in der Fähigkeit zur Einsamkeit eine Kompetenz. Tatsächlich ist nicht jeder, der einsam ist, auch schon vereinsamt. Und wer allein durchs Leben zu gehen vermag, ist nicht gleich ein sonderbarer Kauz. So beklagt Marquard weniger die zunehmende Einsamkeit in der modernen Gesellschaft als vielmehr die wachsende Unfähigkeit des Einzelnen zur Einsamkeit, den Mangel an Talent, mit sich allein sein zu können, ohne sich vereinsamt zu fühlen, also: die Unfähigkeit vieler Menschen, im Einklang mit sich zurückgezogen leben zu können. Auch diese Diagnose ist erstaunlich aktuell. Jedoch schreibt Blaise Pascal bereits im 17. Jahrhundert, »dass das ganze Unglück der Menschen aus einem einzigen Umstand herrührt, dass sie nicht ruhig in einem Zimmer bleiben können«.[6] Es fehle ihnen das stille Genügen an sich selbst.

Tatsächlich werden die Vorzüge der Kompetenz zur Einsamkeit sogar schon seit zwei Jahrtausenden zur Geltung gebracht, an die Marquard anknüpft: In der Einsamkeit lässt sich gut sinnieren, reflektieren, philosophieren. Sie ist der bevorzugte Raum eines kontemplativen Lebens. Auch wenn sich die positive Einsamkeit in der Stadt leben lässt, so ziehen doch die philosophischen Gewährsmänner besinnlicher Betrachtungen den ruhigen Landsitz dem Stadtleben vor: Montaigne zieht sich über mehrere Jahre in einen kargen Turm zurück, Petrarca nach Fontaine de Vaucluse in die Nähe von Avignon, Rousseau auf die Schweizer Insel St. Peter im Bieler See, Rilke auf Schloss Duino bei Triest oder Chateau Muzot im Wallis, Heidegger in den Schwarzwald auf seine einfache Holzhütte bei Todtnauberg und Ludwig Wittgenstein in seine kleine norwegische Kate, um nur einige Beispiele zu nennen. Obwohl in der heutigen Wissenschaft Zusammenarbeit, Kooperation und Teamfähigkeit ein hoher Stellenwert zukommt, ist doch auch ein zurückgezogenes Leben der Wahrheitssuche förderlich. Wie viele gute Einfälle kommen den Menschen abseits des hektischen Alltags in einsamer Abgeschiedenheit. Seit jeher wird Einsamkeit als wichtige Voraussetzung für

6 Blaise Pascal, *Das Ich besteht in meinem Denken. Aus den »Gedanken«*, Stuttgart 2017, S. 42.

kreatives Arbeiten verstanden. »Der Maler muss einsam sein und nachdenken über das, was er sieht und mit sich selbst Zwiesprache halten«, notiert Leonardo da Vinci in sein Tagebuch.[7]

Allerdings kann selbst für Menschen, die zur Einsamkeit fähig sind, die äußere oder innere Abgeschiedenheit zur schweren Belastung werden, wenn die Impulse zur Nachdenklichkeit ausbleiben. Für Petrarca, Montaigne und viele andere Geistesgrößen wäre ihre Einsamkeit ohne die Möglichkeit zum Bücherstudium zur Qual geworden. Insbesondere Petrarca und Montaigne suchten in Büchern, was sie bei den Menschen nicht fanden.[8] Auch Marquard betont, dass Bildung helfen kann, sich in der Einsamkeit nicht einsam zu fühlen, wie umgekehrt die Fähigkeit zur Einsamkeit der intellektuellen Entwicklung und charakterlichen Formung dienlich sei.

Gleichfalls eignet sich Einsamkeit zu vertiefter Selbsterkenntnis. Rousseau, Nietzsche, Heidegger[9] gleich sieht Marquard in der Fähigkeit zur Einsamkeit eine zentrale Voraussetzung, um sich selbst besser kennenlernen, mehr Ordnung, Ruhe und Zufriedenheit ins eigene Leben bringen und in Einklang mit sich selbst kommen zu können.

7 Leonardo da Vinci, *Philosophische Tagebücher*, Hamburg 1959, S. 87.

8 Vgl. Francesco Petrarca, *Über das einsame Leben*, Stuttgart 2004; Michel de Montaigne, *Über Einsamkeit*, in: M. d. M., Essais, Buch 1, S. 39, München 2011.

9 Vgl. Jean-Jacques-Rousseau, *Träumereien eines einsamen Spaziergängers*, Stuttgart 2003; Friedrich Nietzsche, *Also sprach Zarathustra*, Stuttgart 1994 [u. ö.]; Martin Heidegger, *Welt-Endlichkeit-Einsamkeit*, In: M. H., Gesamtausg. Bd. 29/30, Frankfurt a. M. 1983.

Wie es aber auch schon Cicero, Seneca und Montaigne sahen,[10] kann, so Marquard, die Fähigkeit zur Einsamkeit den Menschen sogar dazu befähigen, entsprechend den bewährten Üblichkeiten erholt wieder dem Gemeinwohl zu dienen. Zwar darf man selbst in politisch turbulenten Zeiten seine Ruhe haben wollen, aber nicht jeder Rückzug ins Private kommt schon einer Abkehr von der Politik gleich, wie bereits Seneca und Cicero zeigen, denen gerade ihre Fähigkeit zur Einsamkeit jene Kraft verlieh, mit der sie sich in die damalige Politik einbringen konnten.

Jedoch vermag die Fähigkeit zur Einsamkeit auch weitgehend unabhängig und frei zu machen. Hierfür steht in der Gegenwart der autarke Single, der zwar allein wohnt, deshalb aber keineswegs in stärkerem Maße allein und vereinsamt ist als jene, die mit Partner und Familie zusammenleben. Ein solcher Single hat oft genauso viele lebendige Kontakte und verfolgt ähnlich viele soziale Aufgaben wie andere. Möglicherweise kommt er nur einfacher mit sich allein zurecht und bestimmt eigenständiger, mit wem er seine Zeit verbringen möchte oder nicht. Der Pianist Glenn Gould bemerkte entsprechend:

10 Marcus Tullius Cicero, *Tusculanae disputationes. Gespräche in Tusculum*, lat./dt., übers. und hrsg. von Ernst Alfred Kirfel, Stuttgart 1997; Lucius Annaeus Seneca, *De vita beata. Vom glücklichen Leben*, lat./dt., übers. und hrsg. von Fritz-Heiner Mutschler, Stuttgart 1990; Seneca, *De otio. Über die Muße. De providentia. Über die Vorsehung*, lat./dt., übers. und hrsg. von Gerhard Krüger, Stuttgart 1996; Seneca, *De tranquillitate animi. Über die Ausgeglichenheit der Seele*, lat./dt., übers. und hrsg. von Heinz Gunermann. Stuttgart 1984.

> Ich habe immer ein intuitives Gefühl gehabt, dass man für jede Stunde, die man gemeinsam mit anderen Menschen zubringt, x Stunden allein sein muss. Wofür dieses x nun steht, weiß ich nicht. Das können Zweisiebenachtel Stunden oder Siebenzweiachtel Stunden sein, aber es ist ein beträchtliches Verhältnis.[11]

Einsames Sterben und die Frage nach Gott

Besonders wertvoll ist die Fähigkeit zur Einsamkeit am Ende des Lebens. Denn Sterben ist eine einsame Angelegenheit: »wir sterben als allein gelassene Alleinlasser«, so Marquard. Wie schön wäre es, mit dem Leben, seinen Sorgen, Nöten, aber auch mit dem eigenen Tod möglichst so fertig werden zu können, dass man seine Mitmenschen nicht fortwährend damit behelligen muss.[12]

Zur Einsamkeitsfähigkeit angesichts schwerer Lebenslagen zählt Marquard ebenfalls Humor, der durch Distanzierung der eigenen Lebenssituation gleichermaßen eine abgeklärte Ruhe und heitere Gelassenheit hervorzurufen vermag. Doch gehört seiner Meinung nach auch Religion zur Einsamkeitsfähigkeit.

Obwohl Marquard selbst nicht gläubig war, ist für ihn die metaphysische Einsamkeit der Gottverlassenheit keine sinnvolle Option. Wir könnten es uns nicht leisten, auf religiösen Trost leichtfertig zu verzichten. Denn für den

11 Jonathan Cott, *Nahaufnahme. Telefongespräche mit Glenn Gould.* Berlin ^{4}2007, S. 89.

12 Vgl. Franz Josef Wetz, *Tod, Trauer, Trost. Was am Ende hilft*, Stuttgart 2022, Kap. »Letzte-Hilfe-Koffer«, S. 35–44.

Gläubigen sei Gott selbst dann noch da, wenn sonst niemand mehr ansprechbar sei. Virtuosen des Glaubens erfahren gerade in der Einsamkeit die Nähe Gottes. Sie kommen mit ihrem Gott über Meditation und Gebet ins Gespräch. Solche Menschen stehen am Ende des Lebens nicht auf verlorenem Posten.

Doch aus eigener Erfahrung wusste Marquard, dass sich Gottes Trost selbst mit dem stärksten Argument seiner existenziellen Benötigung nicht erzwingen lässt. Er selbst vermochte als Einsamkeitserfahrener auch ohne religiösen Trost in mutiger Ergebung und mit großer Erleichterung aus dem Leben zu scheiden. Den Zumutungen der letzten Lebensphase erlag er nicht kleinmütig, sondern eher gleichmütig. Ohne seine Haltung zu verlieren, nahm er mit unterschwelliger Melancholie an, was ihm zuletzt an Geduld abverlangt wurde, und wahrte so, was man Würde nennt. Wenngleich er die Frage bejaht hätte, ob er denn lieber nicht gelebt haben möchte, nachdem er so einigermaßen Bescheid übers Leben wusste, starb er doch, ohne zu bedauern, gelebt zu haben.

Welche Einsamkeit?

Welcher Weg ist nun der richtige: der Weg aus der Einsamkeit oder der Weg in sie hinein? Marquard hält eine Lobrede auf die Kompetenz der Einsamkeit, wohl wissend, dass der Mensch ursprünglich ein geselliges Lebewesen ist, das die Fähigkeit zur Einsamkeit erst lernen muss. Bei diesem Lernprozess geht die natürliche Geselligkeit nicht verloren. Immanuel Kant spricht von »ungeselliger Geselligkeit«[13] und meint hiermit das menschliche Doppelbedürfnis nach Nähe und Distanz, das Verlangen, sowohl mit anderen zusammen sein zu können als auch sich ihnen entziehen zu dürfen. Entsprechend definiert Arthur Schopenhauer die Menschen als frierende »Stachelschweine«[14], die, um nicht zu frieren, eng zusammenrücken müssen, sich aber nicht zu nahe kommen dürfen, um sich nicht an ihren Stacheln zu verletzen. Doch wie immer ein ausgewogenes Verhältnis zwischen Geselligkeit und Einsamkeit ausschauen mag, wer sich selbst genug – sprich: einsam – sein kann, der wird vermutlich denen gegenüber klar im Vorteil sein, die es nicht können.

Fazit

Obgleich Marquards drei Beiträge ihrer Entstehungszeit der frühen 1980er Jahre naturgemäß ein wenig verhaftet bleiben und obwohl große Herausforderungen der Gegenwart wie etwa die Klima-, Russland-, Energie- und Corona-Krise außerhalb der Reichweite dieser Texte liegen, sind sie doch erstaunlich aktuell. Deren übereinstimmende Botschaft besteht aus der Empfehlung, das rechte Maß zu halten. Mit diesem Ratschlag knüpft Marquard unwissentlich, aber entsprechend seinem Leitspruch *Zukunft braucht Herkunft*[15] an die älteste erhaltene griechische Tragödie an:

13 Immanuel Kant, *Idee zu einer allgemeinen Geschichte in weltbürgerlicher Absicht*, in: I. K., *Werke*, Bd. VIII, Berlin 1980, S. 20.

14 Arthur Schopenhauer, *Paralipomena*, § 396, in: A. S., *Sämtliche Werke* 5, Stuttgart 1965, S. 765.

15 Vgl. Odo Marquard, *Zukunft braucht Herkunft*, Stuttgart 2020.

Die Perser, 5. Jahrhundert v. Chr. Darin heißt es, dass der Mensch den Sinn nicht übers Maß heben soll, »denn Hybris, schießend in die Blüte, bringt als Frucht hervor die Ähre der Vermessenheit«, die sich nur als »Ernte voller Tränen« einbringen lässt.[16]

Zum rechten Maß gehört in der heutigen sozial-ökologischen Marktwirtschaft die Fähigkeit zu Mäßigung, Verzicht, ohne die sich weder Krisen bewältigen noch die Natur bewahren lässt. Heute leben wir in einer unsicheren, von schweren Konflikten geschüttelten Zeit, welche die Katastrophen- und Zukunftsängste der Menschen schürt und durchaus als gerechtfertigt erscheinen lässt. Außerdem wird unser Leben heute einer Reihe von Einschränkungen unterworfen. Neue Belastungen drängen viele aus ihrer gewohnten Komfortzone heraus und werden dies auch noch weiter tun. Die Anzahl der Geringverdiener ist in der Wohlstandsgesellschaft bedrückend groß. Mitnichten aller Rechte beraubt und keineswegs ohne Arbeit, sind immer mehr Menschen auf staatliche Hilfen angewiesen, weil sie nicht mehr für ihr eigenes Wohl aufkommen können. Doch treffen steigende Energie- und Lebenshaltungskosten, die angespannte Lage auf dem Wohnungsmarkt und andere Probleme inzwischen auch Normalverdiener. Dazu kommen die hohen Anforderungen an den Einzelnen, sein Leben in eigener Verantwortung zu führen. Viele leiden mittlerweile weniger an Unterdrückung als an Überforderung.

Dennoch sollten wir uns den Blick auf das, was allen Miss- und Widerständen zum Trotz weiterhin intakt ist

16 Aischylos, *Die Perser*, gr./dt., übers. und hrsg. von Kurt Steinmann, Stuttgart 2017, 820–822, S. 77, 79.

und verhältnismäßig gut läuft, nicht durch unangebrachte Ansprüche, Übererwartungen und Überempfindlichkeiten zu sehr trüben lassen, könnte man mit Marquard sagen. Es kommt darauf an, dem Leben gegenüber eine seiner Endlichkeit angemessene Einstellung einzunehmen. Hierzu gehören eine realistische Einschätzung der Chancen und Grenzen sowohl des eigenen als auch des gesellschaftlichen Lebens, eine größere Zufriedenheit gegenüber gemäßigten Sinnerfüllungen und eine gestärkte Fähigkeit zur Einsamkeit. Solch eher bescheidene Grundhaltung mit ausgeprägtem Sinn für Proportionen kann die Aufgabe übernehmen, das brüchige Lebensschiff relativ zuverlässig über die aufgepeitschten Wellen der zukunftsoffenen Wirklichkeit wie ein Kompass zu navigieren.